平等の時代

栗田直樹 著

成文堂

はしがき

本書は、筆者が勤務先で受け持っている日本政治史の授業に参加してくれる二十歳前後の法学部の学生たちに、読んでいただくことを目的として書かれた歴史書である。政治史の教科書としての本書が叙述の対象としている時代は、先の敗戦を挟んだ前後五年程の時期であり、筆者は、この時代が、日本の近代史上十分な考察に値する極めて稀で興味深い時代だったと考えている。この時代がどのような時代だったのかについて、当時を知る、あるいは実際に当時を生きた人々の回想や日記、その他いわゆる歴史的資料を頼りに、筆者なりのイメージを形成してみたいと考えた。本書で引用されている資料は、どれもこれも、学生たちがその気になりさえすれば一般の図書館や書店で簡単に手に取ることができるものばかりである。近代日本の政治史をもっぱら専門とし、その他の諸領域、たとえば経済やら社会やらの諸々の事情については全く疎い筆者が、このような内容の書物を出してよいものなのかどうか、自身ではかなり迷った。しかし、筆者のいつものように甚だ拙い叙述や考察などはさておき、当時の時代のなかでそれぞれの人生や与えられた運命を真剣に生き抜くと同時に、ついでに日記や回想録といった貴重な資料を後世の人間のために残してくれた数々の日本人について、学生たちの知らないその人物名はもちろんのこと、その書き記されたものの内容について伝えておくことは、それだけでも、それなりの意味はあるのではないか。そんな思いに至り、結局本書を公にすることにした。

敗戦前後というこの時代についての本書のイメージは、ひとことでいえば、日本人の平等に対する欲求がかつてなかった程に異様に高まった時代だったということである。そして、平等を求める人々のエネルギーの高揚は、優れた洞察に恵まれた一部の日本人をして、共産革命の勃発を予感せしめる程であった。そのような当時の雰囲気は、今となっては、学生たちにとっては想像することさえ容易ではないのではなかろうか。いや、学生たちにとってのみならず、それなりの人生経験を経た一般の人々にとっても、ソ連で実際に行われ戦後には東欧諸国などでも現実と化する共産主義が、平等で豊かな理想的社会を築くとされ、それが多くの日本人にとって非常に魅力的な存在だった時代があったことなど、今からは想像し難いかもしれない。もちろん、日本人が、ソ連東欧や中国、さらには北朝鮮における共産主義の実態を知ることに遅れをとった一因には、それらの国々の真相について正しく報道しなかった、あるいは報道できなかったジャーナリストたちの怠慢やら、倫理や勇気の欠如、場合によってはある種の悪意といったものさえあったのかも知れない。ただ、一般の日本人の側にも、それらの共産主義国のなかに自らが見たいものだけを選んで見るといった、日本人に内在的な願望や偏見もなかったわけではない、と筆者は考える。

結局、日本では、結果的に共産革命は起こらなかった。しかし、多くの日本人たちが平等に強く憧れた時代を経たあと、初めて人々が「民主主義」を謳歌する新しい時代がやって来るわけである。いわゆる戦後民主主義の担い手がどこから来たのか、という問題関心が、筆者に全く無かったといえば嘘になる。しかし、だからといって、その一つの重要な側面である平等という価値観やそれを支えたり推進したりするしくみが、実は全て戦時体制下において形成され発展したものなのだ、といったような単純で明快な図式を思い描いているわけではない。というのも、たとえば、日本以外の多くの国々でも共通に見られる大衆社会化という現象が、社会の平準化や平等を推し進める側面をもっていることはよく知られているが、その大衆社会化が日本で眼に見えて進展したのは、戦時体制のはるか以前、すなわち大正末から昭和初期のことであったからである。ただ、いずれにしても、日本人が長い間親しんできたかつての時代の「分際」というものを、日本人自らが完全に否定し去り、他国と比較して平等という価値を極度に重んじているように筆者には思える戦後民主主義が、もっぱら戦前や戦中を否定することによってのみ生まれ出たわけではなかったことは、事実として指摘できるのではなかろうか。筆者には、そうした社会、あるいは戦後民主主義と呼ばれるものは、戦後になってから突然にそして新たに出現したものではなく、むしろ、いってみれば総力戦体制下における徹底した平等の時代を経由し、かつそれを継承しつつ発展させた上で、その延長線上に成立した一つの時代だったように思われる。

さらに、話を戦後日本の社会ということに限定すれば、筆者はそこに、古今東西を通じて世にも稀な驚くべき平等な社会が出現したと考える。人々はそれを、日米安保とセットで安定した社会を築くことに寄与することになる日本国憲法や、日本人がそれに向かって精進したとされる民主主義の成果によるものだと認識した。しかし、日本人の徹底した平等志向は、実は、民主主義の成果というよりもその原因だったといった方が本当に近いのではなかろうか。もちろん、社会における平等の実現には、経済成長によってもたらされた富をできる限り広く国民に分配するという自由民主党主導で実施された日常的な政策、すなわち京極純一のいう「分配の政治」が、その背後で大きな役割を果したことも疑いない事実であろう（『日本の政治』）。ただ、戦後日本を政治的に支配した自民党の政策も、結局のところ、国民の一般的な支持や承認なしでは大した成果は得られなかったはずであり、そこに、それを支えそれに積極的に参加したいわゆる普通の日本人の側の平等志向の歴史的形成やその展開について考えてみる意味もそれなりにあるのではないか、と思われる。そして、その後に出現した驚くべき日本の社会、すなわち学校の先生といえども本質的には生徒や学生と平等、お医者さんも患者様と平等、警察官といえども犯人と平等といわんばかりの徹底した平等志向の社会は、その到達点として成立したのだ、ということになるのであろうか。
ともあれ、そうした多少飛躍した個人的な想像はさておき、本書のめざすところは、何よりも歴史である。先輩の日本人たちの並々ならぬ努力と、また様々な偶然によって、結果的に後世に残されることになったそれ程多くもない諸資料を参考に、敗戦を挟む数年というこの時代がどのような時代だったのかを、若い読者の皆さんにも理解していただけるように、なるべく具体的な形で描いてみようとした結果が本書である。本書を出版するにあたっては、いつものように多くの方々のお世話になった。とりわけ、戦時下の長野県の状況について先駆的な研究を公にされ筆者にも多くの示唆を与えて下さった板垣邦子氏をはじめとして、参考にさせていただいた数々の著書をお書きになった先学の諸先生や諸先輩には、深く感謝する次第である。また、最後になってしまったが、日頃からお世話になり、前著に引き続き今回も筆者のわがままにお付き合い下さった成文堂の阿部耕一社長、編集部の土子三男氏、石川真貴氏に心からお礼申し上げたい。

平成二一年初秋

栗田直樹

目次

序章　平準化の時代

本書が主に叙述の対象とする昭和一九年、二〇年という年は、板垣邦子のいうように、日本にとって戦争という巨大な津波が社会の隅々にまで到達した時代であった。[1] もちろん、戦争そのものはすでに昭和一二年には始まっていたのではあるが、かつて戦場からはるか遠くにあった銃後の人々が本当の意味で戦争を体験したといえるのは、この時期に他ならない。経済史家の中村隆英によれば、国民一人当りの衣、食、燃料の供給量を指数化してみると、特に昭和一八年、一九年の食料品供給量の低下が急激であったことがわかるという。そして、彼は昭和一九年以後が、戦争が広範囲に国民生活を直撃した時期だったという。この時期、都会地では建物疎開が決定され、一九年春からは東京、名古屋で建築物の強制取壊しが始められた。要所には、一〇〇メートル程の幅のある防火帯を作った他、鉄道沿線や河川周辺などの建物が除去された。当時、神戸市立第一中学校の生徒で戦後直木賞作家となる野坂昭如によれば、神戸のある地区の建物疎開では、「防空空地」の決定が秘密のうちに行われたため、「指定から打ちこわしまでが二日というあわただしさで、祖先伝来の家屋敷を追われて、気のふれた者もいた」という。[2]

中村のいうように、学童疎開が始められたのも、昭和一九年の夏からであった。地方の寺院や学校の建物などに疎開した学童らは、設備も乏しく食料も不足しがちな新しい環境に苦しんだ。中等学校以上の生徒が高学年から順に工場に動員され、ついに一・二年生までほとんど授業が行われなくなったのも、一九年秋頃からである。人々は空襲が必至であると考え、都市を離れて故郷に疎開したり、知人を頼って移住したりする人が多くなった。かつて有産者の生活を彩ったピアノもタンスも蔵書も、二束三文で買いたたかれた。一九年三月からは、高級料理店や待合、バーが閉鎖を命じられ、歌舞伎座、京都南座など全国で一九の大劇場が休場し、宝塚少女歌劇も公演を許されなくなった。また、これまであったビヤホールや百貨店の食堂が、玄米に海草、野菜などが入った雑炊食堂に変貌した。そして、それでも乏しい食事の足しにしようとする人たちで、たちまち行列ができた。さらに、この雑炊食堂でさえ、材料不足のため休業する店が増えて行った[3]。

こうした時代、ようやく完成の域にあった戦時体制の下では、国民一人一人の総力を結集しなければならず、したがって、これまで日本人がそのなかで生きそれを守ってきた秩序や格差は国策遂行の妨げとなり、さまざまな場面で平準化が求められた。そして、「平等」や「公平」が、いわば大衆の総意としてあらゆる場面で追求された。しかも、戦時下で生活の豊かさや自由の実現は当然不可能と考えられたから、それに代って求められた代償が、平等や公平の実現であった。こうして、平等への欲求が異常に高まった時代が、ここに出現した。この時期、物資を隠匿したり、売り惜しみや闇売りをしたりする商店や飲食店、また情実や縁故で物資を入手する有産者が、多くの人々の反感や恨みを買った。さらに、官公吏や国鉄職員、工場幹部の役得行為にも世間の批判が集中し、これらの上位者の率先垂範が叫ばれた。

そして、こうした上位にある人々が職務を全うすることはもちろんのこと、それ以上に、彼らが率先して庶民同様の乏しい「戦時生活」を実践すること、ひとことでいえば、彼らの豊かな生活を下位者並みに切り下げることが強く求められた。そして、耐乏生活が極まれば極まる程、人々はわずかな不公平にも敏感にまた神経質に反応し、犠牲の均霑を断固要求した。こうして、下位者による異議申し立てが絶えず行われ、上位者に対して下方修正を求めて止まなかった。そこでは、かつて幅をきかせていた「有閑」者はその存在さえもが許されず、国民「皆働」が強要された。このような下位者からの圧力は、戦争への参加や協力という大義名分を背景として、行政当局も制御不能な程に強まって行ったのである。(4)

総力戦下、とりわけ昭和一九年から二〇年にかけて、上位者や有産者に加えられた下方修正圧力、言い換えれば、一般大衆の間で噴出した平等志向を受けて急速に進行していった平準化という現象は、少なからぬ人々を驚かせた。近衛文麿の秘書だった細川護貞は、その始まりは昭和七、八年以降であるが、それは、物質的にも精神的にも「持てる者を持たざる者の水準に引下げんとする」ものであり、そこには「貧乏人のヒガミ根生が支配する世界」、すなわちマルクス主義的社会があると見ていた。彼は、昭和二〇年一月近衛に会った際、近衛に次のように言った。

殊に昭和七八年以降の軍人支配は、正に上等兵の政治である。是はその実質に於て暴力の支配であり、それを正当化する手段として階級制、即ち形式主義が存する。是が今日上下を通じての風潮を形造る所以でせう。そしてその指導原理は、文化的向上にあるのではなくして、持てる者を持たざる者の水準に引下げんとする処に在る。夫れは物質に於ても精神に於ても同様である。そして夫れは物質生活の不自由、戦争による災害の増加と共に益々一般国民の常識化して、マルクス主義的世界相を帯びて来る。私は、マルクス主義的社会は、結局貧乏人のヒガミ根生が支配する世界だと思ふ。だから戦後は何とか此の風潮を切り換へて、我国を高い文化国家たらしめる様な方向に導かねばならぬのではありますまいか。(5)

一方、戦時下における有産者と無産者との間の格差の縮小、すなわち社会の平準化という現象を、その冷静で透徹した眼をもって日常的な風景や多様な人々の生活の変化のなかに見ていたのが、小説家の永井荷風である。江戸の情緒や、それがまだ残っていた明治の文化に限りない憧憬の念を抱いていた荷風は、関東大震災とその後の大衆社会化を経てそれらがすでに失われたこの時代には、「唯絶望落胆愛惜の悲しみ」に打たれる日々を送っていた(6)。荷風は、戦時下戦争によって痛めつけられたそれなりに裕福だったサラリーマンの悲惨な様子について、同情を込めて日記に次のように書いている。

街談録　一この度突然実施せられし徴用令の事につき、其犠牲となりし人々の悲惨なるはなしは、全く地獄同様にて聞くに堪えざるものなり。大学を卒業して後銀行会社に入り年も四十ぢかくなれば地位も稍進みて一部の長となり、家には中学に通ふ児女もあり、然るに突然徴用令にて軍需工場の職工になりさがり石炭鉄片などの運搬の手つだひに追ひつかはれ、苦役に堪え得ずして病死するもの、又負傷して廃人となりしものも尠からず。幸にして命つつがなく労働するも、其の給料はむかしの俸給の四分の一位なれば中流家庭の生活をなす能はず、妻子も俄に職工並の生活をなさざるべからず。此れが為殆其処置に窮し涙に日を送り居る由なり(7)。

昭和一九年七月のある日、いつものように散歩に出た荷風は、東京の山の手も下町も、今や、貧乏人の住む町と同じような風景となってしまったことを発見した。そして、その共通の、つまり平準化した風景が、「現代日本特有のもの」だと断定する。荷風の日記にはこう書かれている。

朝郵便局に行かむとて崖下簞笥町の横町を過ぐ。家毎に格子戸の前また軒下に南瓜唐茄子等を植付けどぶの水又肥料を濺ぐため臭気紛紛として鼻をつく。又裏長屋の嬶五六人つゞ一団になり路地に穴を掘り取壊家屋の木片をかつぎ来りて土留をなす。其状態哀れなる心地はせず却てその人柄に似合ひたるが如くに見ゆ。世の中一帯の様子この頃は何もかもぢぢむさく意気地なくきたならしきさまいかにも現代日本特有のものらしく見ゆるやうになりぬ。山の手も下町も尾久三河島辺の陋巷と同じやうになりしなり。昨日まで男は酔うて電車の中に嘔吐し女は胸を露出して車中その抱ける赤子

に乳をのませる国民の戦時生活は画にもかかれぬものなるべし。(8)

酒に酔った男が電車のなかで吐いたり、授乳中の女が人前で乳を露出したりということはかつては考えられなかったと書いているように、荷風は風景の平準化だけでなく、また、その風景のなかで生活している人間そのものの平準化も見ていた。そもそも、人が目にする風景とそのなかで生活している人々の生態とは、お互いに強く影響し合っているものなのではなかろうか。一般に風景は、確かにそこで生活する人々がそれなりの時間をかけて形成して行くものなのであるが、他方、人々の日々の生活やものの考え方、趣味、嗜好なども、彼らを取り巻く風景に規定されている部分があることを否定できない。散歩が大好きだった荷風は、その両者の相関関係を敏感にまた痛切に肌に感じていたように思われる。そして彼は、「日本橋より銀座通を通行する女店員事務員」が、今やその実質は、明治時代でいえば「田舎出の下女」のレベルにまで下方修正されたと見ている。

日本橋より銀座通を通行する女店員事務員の姿いづれもシャツ一枚に腰巻同様なる地薄のスカートまたズボンを穿ちしのみなれば逞しき肉附露出し、恰もレビュウの舞台を見るが如く、電車の中にては股を開いて腰を掛けたる形亦一奇観なり。この女達は現代民衆中の一大部分を占むるものにて余の見る所を以てすれば社会百般の事より自己の生涯に関する事まで公私の別なく一切思慮を費す事なく、唯ふはふはと日を送る人間なり。圧制せらるる時は猫の如く柔順となり少しく圧迫の程度の緩くなる時は直に付上りて怠慢放肆となる。常に電車の中にても雑誌小説類を読むと雖これが為に趣味情操の洗練向上せらるる事は決して無し。何事にも善悪無差別なれば従来の道徳を其儘に受け入れさして悪事をなさず残忍ならず、貞操の如きも子供さへ出来ねば何をしても差閊はなきものと思へるが如し。父兄の目を忍び男を恋し情熱に悶へ苦しむが如き事は決してなし。恋愛もせぬ代り厳粛なる貞操の感念も持たず、唯毎日目前の事に秩序なき思慮を費すのみ。飲食物の如きは殆牛馬に同じく与へられし物を多量に食すれば無上の幸福をおぼゆるのみにて、味の善悪甘酸の如何を判別する官覚は殆無きに近し。これ現代の女子に対して余の感ずる所なり。外見は利口らしく見ゆることもあれど実質は明治時代田舎出の下女に似たるものなり。(9)

（1）板垣邦子『日米決戦下の格差と平等』（吉川弘文館、平成二〇年）二一九頁。
（2）野坂昭如『一九四五・夏・神戸』（中央公論社、昭和五二年）一六九頁。
（3）中村隆英『昭和史Ⅰ』（東洋経済新報社、平成五年）三五七～三五九頁。
（4）前掲『日米決戦下の格差と平等』一四〇～一四二頁、二一八～二一九頁。
（5）細川護貞『細川日記』下巻（中央公論社、昭和五四年）六一～六二頁。
（6）永井壮吉『荷風全集』第二五巻（岩波書店、平成六年）二四四頁。
（7）同右、一六四頁。
（8）同右、二四一～二四二頁。
（9）同右、二四七～二四九頁。

第一章　有産者という不幸

昭和五年以来八回の当選を重ね代議士として活躍して来た風見章は、昭和一七年のいわゆる翼賛選挙で立候補を辞退し、政界を引退していた。戦時下に新しい時代の到来を予感していた彼は、昭和一九年一〇月、自身が代議士をやめているということは、「私にとってさびしさをもたらさぬばかりか、いい事だ」と、自らの日記に書いた。政治家として人心の推移にとりわけ敏感にならざるを得なかった風見であってこそ、総力戦体制下における社会の変化を的確に認識していたともいえるが、他方で、総力戦下で特に風見のような有産者たちが日々実際に耐え忍ばなければならなくなった様々な不幸や、彼らに対して加えられた過酷な抑圧を考えれば、こうした認識もそれ程不思議とも思えない。

従来の如き政治組織は、この戦争で払拭されるに相違ない。新しき社会秩序の誕生がこの戦争によつて約束される以上、新しい政治組織の発生もまた、この戦争が約束する筈である。この見地からは今ふるき制度の代議士をやめてゐるといふことは、私にとつてさびしさをもたらさぬばかりか、いい事だと考へられる。ふるき制度の糸につながれてゐるものは、その制度の崩壊と同時にその存在の足場をも失はねばならぬであらう。(1)

総力戦体制の下では、羽織を常に着用するような旦那衆への風当たりが強まった。村の有力者や指導層、あるいは有産者たちは、士気昂揚に向けて率先垂範が強く要請されているにもかかわらず、時局に対する理解が不足していると攻撃された[2]。中国新聞の記者だった大佐古一郎は、自身が勤める新聞社に、「私欲追求が国を滅ぼす。決戦政治は法規がやるのではない、人がやるのだ。恵まれた層は耐乏してみよ」との投書があったと、その日記に記している[3]。この時期、有産者が具体的にどのような内容の私生活を営んでいるのかということに対する世間や近所の人々の関心は、異様に高まり、警戒の眼や非難の声が厳しくなった。そして、有産者の贅沢を許してはならないという世論が、かつての時代には考えられなかった程に盛り上がった。のちの作家吉村昭は、東京開成中学の生徒としてこの時代を過ごした。彼の家は、父親が紡績工場と製綿工場を、長兄が木造船所を、また叔父が製紙会社を経営していた裕福な家庭であったため、彼自身は中学生の密かな楽しみとして、映画館や寄席、劇場に足しげく通うという恵まれた生活を送ることができた。吉村は、のちに回想して、「戦時中には軍と警察が恐しかったと言われているが、私の実感としては隣り近所の人の眼の方が恐しかった」と述べている[4]。

また、自らの体験をもとに戦前の家族や社会を見事に描き出した傑作『父のいる食卓』を書いた本間千枝子も、この時期、人々が近隣の眼をいかに気にしていたかについて書いている。本間は、鉄工場の経営を家業とするかなり裕福な夫婦の養子となっていたが、この夫婦は、日米開戦後の昭和一六年、一七年という年には、自宅を構えていた東京の市ヶ谷から他の土地へ転居することを考えるようになったという。その理由の一つは、「隠匿物資の嵩が増大しつつあることを、近隣に咎められる日が来そうなことを予見したため」だった。そして、本間家の人たちの恐れた近隣とは、家の周辺に割合に多かった質素で醇朴な気風が支配しある種の教養に満たされていた陸軍将校の家庭などではなく、「生活を締めつけられはじめた他の善良なる市民の家」のことだった[5]。結局、一家は昭和一九年に三鷹村に移り住むことになるが、転居後も、彼らはこれまでの「闇の食糧獲得ルート」の温存につとめた。ある時、市ヶ谷時代から長い付き合いのあった魚屋から連絡があり、魚を譲ってもらうことになった。本間は、闇の魚の獲得問題についてこう書いている。

もと住んでいた町の魚屋へ、白昼堂々と出入りして、明らかに闇の品物と分かる包みを抱えて出てくるのでは、人目にたち過ぎていけない。魚亀にも迷惑がかかる。また、顔を知らぬお手伝いの人を遣いに出すのは、こちらの感謝が伝わらないという点ではばかられる。［父親の］忠礼が帰宅してから、一家は小学生の私までを交えて、誰が魚を受けとりに行くかにつき、額を寄せあった。

そして、結局一家の「闇の食糧の運搬役」に決まったのは、何とちょうど四ツ谷まで通学していたまだ小学生の千枝子自身であった(6)。

一方、山本七平は、戦後の「世論」に負けず劣らず、当時の「世間」や「世論」というものがいかに恐ろしいものだったかについて、書き残している。山本は、軍隊という組織内部における自殺についてふれた文章のなかで、「自殺・他殺の中間、本人の意志か他人の意志かが不明な場合」があるとし、「こういう場合、今ではもっぱら帝国陸軍の非情と非人間性が非難されている。しかし人びとが忘れたのか、覚えていても故意に口にしないのか私は知らないが、もう一つの恐ろしいものがあった。それは世間といわれる対象であった」と指摘する。そして、「母一人・子一人の母子家庭、その母親でさえ、兵営に面会に来たときわが子に次のように言ったのはなぜか。『お母さんがかわいそうだと思ったら、逃亡だけは絶対に、しておくれでないよ』――彼女が恐れたのは帝国陸軍ではなく、世間という名の民間人であった。その『後ろ指』なるものは、軍より冷酷だった」と強調している。山本は、このような場合、本人を死に追い込んで行ったものが、「果たして帝国陸軍なのか世間なのかといえば判定はむず

かしい」とし、軍隊内の人間にとっても、「世間」がいかに大きな力をもっていたかを述べている。(7)

そもそも、有産者にとっての不幸の始まりともいうべき「ぜいたくは敵だ」といった標語が、国民の間に流布するようになったのは、昭和一五年八月だった。一五年八月一日、国民精神総動員本部は、「ぜいたくは敵だ」と書いた立看板一五〇〇本を東京市内に配置した。永井荷風は、その日の日記に「街頭にはぜいたくは敵だと書きし立札を出し、愛国婦人連辻々に立ちて通行人に触書をわたす噂ありたれば、其有様を見んと用事を兼ねて家を出でしなり」と書き、「今日の東京に果して奢侈贅沢と称するに足るべきものありや。笑ふべきなり」と感想を記した。そして、「贅沢ハ敵也ト云フ語ハ魯西亜共産党政府創立ノ際用タル街頭宣伝語ノ直訳也ト云」と付記した。(8)「ぜいたくは敵だ」という標語に対して、荷風と似たような感想をもったのが、時代に抗して「自分の歌」であると信じるブルースを歌い続けようと戦った歌手の淡谷のり子だった。「ある日『パルレ・モア・ダムール』を聴いて、こんな素晴しい歌があったのかしらと感動し、ルシェンヌ・ボワイエなどを真似して、原語でシャンソンをうたったりして絶えず模索をつづけていた」淡谷は、昭和一二年に「別れのブルース」、一三年に「雨のブルース」をヒットさせ、「ブルースの女王」と呼ばれていた。彼女の回想によれば、

戦争が思うように早く勝てないのにヒステリックになった「軍」は、まるでその原因が私達のおしゃれにでもあるかのように、マニキュアが赤すぎるの、ハイヒールは非国民的だの、黒いドレスはエロチックだのと、まるで下手な美容師みたいに、化粧や衣裳にまで干渉し出した。道を行くと、だしぬけに、モンペをはいた婦人にビラをつきつけられる。「ゼイタクは敵だ！」兵隊の叫喚に似た字体のビラだった。ゼイタクは敵だって、モンペをはいて、ボサボサ髪でステージに立って、「巴里の屋根の下」などうたえますか。私はむしろ意地になって、ますます細く長く眉毛をひき、いよいよ濃く口紅を塗った。ゼイタクは敵だ！　ゼイタクは敵だ！　そんな私の派手な化粧に挑むのか、ビラは追っかけるように、私をつけまわした。「わかりました」ある日、銀座の資生堂で、化粧品を買って戸口を出かけた私に、またビ

ラをつき出した中年の婦人に、私はそうはっきりいった。国防婦人型の、ひからびて権高で、つんとすましたその婦人は、ちょっとびっくりしたらしかったが、私はビラを手にして立ちどまったまま、その婦人の目をじっと見返して、「これ私の戦闘準備なのよ、ゼイタクなどではありませんよ」と、化粧した顔を、わざとその婦人の顔の前につき出していってやった。歩き去る後で、「あれ、淡谷のり子よ」とつぶやく、その婦人達の憎らしげな声を背にきいた。(9)

もっとも、「ぜいたくは敵だ」と書かれた立看板が立てられたりビラが配られたりした昭和一五年は、まだ、人々がいわゆる「ぜいたく」と縁遠くなった時代だったというわけではない。昭和一五年八月、東京市の国民精神総動員本部から東京市内一二か所に派遣されたぜいたく「監視部隊」の報告を、新聞は次のように報じている。

食堂は満員でごった返し映画館や劇場が超満員、女給さんの同伴者が目立って多く蜿蜒長蛇の列があった。カフェー、バー、喫茶店などの休業従業員が雪崩れこんだにしても眼にあまる混雑だった。街頭監視報告では男がメガネのつなぎに未だ〝金〟を使ってをり、タバコを吸いながら歩く紳士が多かった。女では安物の指環をはめわざわざ模造のネックレースをかけてゐたのが全体の一割、しかも十八歳から二十三歳までの女が職業婦人でありながらわざと非生産的分野に働く女性のスタイルを真似たのも多かった。デパートは時局を忘れたかのやうに血眼の購買客殺到。地域的には銀座と新宿が最も悪く、戦時下なるが故の簡素な服装といふよりは挑発的な姿態、遊蕩的なスタイル、色調、例へば燕脂に青のどぎつい反対色、裏返しにものを見たやうな奇矯な風俗があった。(10)

しかし、その後、周囲からの厳しい視線に対する自己防衛と具体的な物の流通の両面から、有産者は、それまで許されてきたいわゆる奢侈品とは無縁な生活を余儀なくされるようになって行く。

昭和一八年一月、煙草、酒などの間接税の大増税が行われていたが、同じ月、衣料切符の点数が大幅に引き上げられた。衣料の切符配給制は、昭和一七年一月から、戦時下に乏しくなった繊維製品の公平分配のために実施されたものだった。一七年一月二〇日の『大阪毎日新聞』は、衣料切符制の目的について、「衣料品消費の計画化をはかり生産に計画性をもたす」ことと同時に、「贅沢な消費を抑圧」して「生活必需品の配給を出来るだけ公平に配分する」ことだ、と解説している。[11] 衣料切符は、甲種と乙種に分けられており、大都市生活者の場合は乙種で一人百点が支給され、期限は一年だった。点数は、衣料品の種類により細かく決められており、例えば背広三つ揃い六三点、女子ツーピース三五点、学生服四〇点、敷布団三〇点、パジャマ二五点、ワイシャツ一五点といった具合で、この衣料切符を使い切ってしまえば、それ以上買うことは出来なかった。これに違反すると一〇年以下の懲役という重罪に処せられるというので、売る方も切符無しではいくら金を出すといっても売ってくれなかった。[12] 金がいくらあっても物は全く買えないという、ソ連や戦後の東欧諸国の社会と似たような社会が、日本にやって来ていたのである。

当時東京の都立高校の学生で、のちに中央公論社の書籍部長となる井上太郎の家は、先祖が開いた薬種問屋を継いだ祖父が、明治末年から化粧品の製造販売を始め、ラクダ石鹼とオシドリ椿香油で成功した商店であった。そして、父親がさらに石鹼に代えて、新しい時代にふさわしいクリームやポマード、香水、オーデコロンなどの製造販売を行い大いに繁盛していた。化粧品のような、およそ戦争とは縁遠い物の製造は、すでに昭和一五年七月に公布された奢侈品等製造販売制限規則によって制限されてはいたが、彼の家が実際に営業を続けることが出来なくなり廃業に追い込まれたのは、昭和一九年三月のことだった。この時、井上家の店は郵便局に貸し、工場は軍需工場として接収の対象となった。[13]

身のまわりの奢侈品に劣らず、有産者が大好きな旅館、高級料理店、飲食店、酒場、花柳界は、遊興税、飲食税の再三再四にわたる増税、酒や食料品の不足、労務調整令施行による青少年雇入れ制限の強化などに圧迫され、転廃業を迫られて行った。長野県では、昭和一七年、酒の配給は業者よりも働く者へ多く配給するべきである、あるいは温泉地は「少数の金持有閑階級の独占場たらしめてはいけぬ」、「産業戦士、若くは農民諸君の疲労を慰藉する」場としなくてはならないといった世論が、高まっていたという。そして、こうした世論の強い圧力を受けて、浅間温泉では、昭和一九年の新春には様相が一変し、[14]従来絶対多数を占めていた他所からの旅行客がにわかに影を潜め、それに代わって毎日地元特に農村の浴客でほとんど充満し、その数は多い日で二〇〇〇から二五〇〇に達したという。[15]

世論の後押しを受けて、大政翼賛会と翼賛壮年団によって展開された温泉地の厚生浄化運動は、有産者や都会の有閑人士による温泉地の独占を打破し、それを「産業戦士」や農民などの厚生施設として開放すべきであるという意図を有していた。翼壮は、国策への一致協力を掲げながら、有産者による独占の打破や富の均霑を望む一般大衆の急先鋒となっていた。[16]長野県では、翼壮はまた、昭和一七年暮から新春の宴会自粛運動を行った。すなわち、「思へ前線・宴会自粛」、「芸者の笑顔より子供の笑顔」などのポスターを作成し、温泉地や花柳界の「健全化」を推進した。特に温泉地に対しては、風紀改善とともに都会の有閑人士による独占を廃し、「厚生施設として重要産業戦士慰安のため」開放することを、また花柳界に対しては、「宴会等も産業戦士向きに廉価実質本位」に営業することを求めた。要するに、翼壮は、都会人や有産者が独占して来た娯楽地を、地元人や一般大衆へ明け渡すことを迫ったのである。[17]

昭和一九年三月に入ると、「高級娯楽」すなわち芸妓の出入りする料理店、芸妓置屋、カフェーなどが、休業を命ぜられた。その結果、精養軒、錦水など約八五〇の高級料理店、約二〇五〇の待合、約四三〇〇の芸妓屋、その他カフェー・酒場・喫茶店など約二〇〇〇軒が休業し、約一八〇〇〇人の芸妓や女給が転廃業した。休業前日、待合や料理屋では、常連が午後四時半頃から詰めかけ、これに振りの客も交えて客数は平素の二倍から三倍にのぼったという。[18]この頃になると、レストランなどは、これまで食通を唸らせてきた店といえども、そのメニューも味も量も、ほとんど期待できないものになっていたらしい。この頃食べもの屋の前は、食事時ともなれば行列となるのが常であったが、昭和一九年四月、久しぶりに家族と共に昼食を食べようと東京日比谷の有名レストランに入った作家の野上彌生子は、そのレストランで出された食事の内容に驚愕する。彼女が記した日記には、こう書かれている。

ローマイヤに入って見ると、下の待合室にもう三四十人待ってゐた。キップを売りだす頃には階段にも入口にもいっぱいになった。昼の定食一円二十銭が飲みものが今日はないからとて一円。運ばれて来たものはサンドウィッチにするくらゐ薄いパンがそれも三角に切られ、サラダ菜が一とやまに前菜の時出るやうなこれも薄い、小指の頭ほどのハムの入ったカンテンのよせもの一切れだけであった。

野上は、「いくら飲みものが出ないとて、冷水位は出したらよからうに」と思いつつ、「その薄パンをわづかな塩と酢の味をつけた菜っぱで飲み下だす事は中々つらいことであった」との感想をもった。そして、彼女が何よりも驚いたのは、お客が皆それなりに経済的に豊かそうに見える紳士や淑女ばかりであり、今や彼等の食事の内容までもがこんなものになったのか、という点であった。野上は、こう書いている。「ここに集まってゐる人々の身なりを見ると、誰一人貧乏しい恰好をしてゐるものはない。そのままもとの帝劇や歌舞伎に押しだしても、銀ブラをさしてもリュウとした紳士や奥さんで通りさうな群であるだけに、その胃袋をわずかにこの食べものでゴマカして過すのかと思ふと驚かれる[19]」。

高級娯楽が休業を命じられた同じ昭和一九年三月、東京歌舞伎座、有楽座、東京宝塚劇場、帝国劇場、国際劇場、大阪歌舞伎座、北野劇場、大阪劇場、京都南座、名古屋御園座、神戸松竹劇場など、一九の劇場が休業した。

宝塚歌劇団の最終公演には、劇場にファンが殺到し、警官が抜刀して整理にあたったという。[20]興行の休業を主導した内務省検閲課課長は、その措置の狙いはどこにあるかとの新聞記者の質問に答えて、「この戦争に勝つまでは高級娯楽はいっさいやめて、最低の国民生活を送ることが最も望ましい」と述べた。[21]当時歌舞伎や演劇は、特に田舎では有産者が見るものであると考えられていたが、地方の名士がそうした世界の人々と派手につきあうことは、時局柄憚らざるを得ない雰囲気となった。そのことは、古川ロッパが書いていた日記からもうかがうことができる。

舞台のみならず映画でも活躍していたロッパは、しばしば映画の地方ロケに出かけているが、グルメだった彼は、ロケ先では毎晩のように地方の知り合いや料理屋から接待を受けるのが常だった。ところが、昭和一九年五月に始まった会津ロケでは、次のような出来事があった。ロッパの日記によれば、

夜は、菊寿軒よりの招待、お別れに一献さし上げたいと言うので、内輪五人で、行く。卵焼に、枝豆、エゴ、豚カツと、今日は、すっかり好物を揃えて呉れ、酒も、どんどん出る。そこへ、土地の名家という、Tさんの奥さんが、草餅を持参で、あらわれ、「私は、此の土地の歌を歌います」とて、白虎隊の歌を、中々の美声で歌い出した。尚、奥さん曰く、「うちへお招きしたいのですが、どうもうるさくて、私どものような旧家では、そういうことをすると、すぐに、ハデになったとか何とか言われますので――」[22]

さらに、昭和一九年四月には、演劇は、内務大臣の検閲に合格した脚本でなければ上演出来なくなり、合格した脚本でも一部を変更する場合には、上演地の地方長官または警察署長の許可を受けなければならないこととなった。[23]同年九月三日に東横劇場の初日を迎えたロッパは、検閲の役人に対する怒りを日記に次のように書いている。

東横初日。一回終って、検閲の警視庁役人、何とかかんとか難癖つけるので、腹立つ。尚、今回より、警視庁命令で、マイクロフォン使用を禁ぜられる。その理由、マイクは、米英的だから、いかんというのだ。呆れて物が言えない。

が、逆うわけにも行かないので、マイクを引込めた。[24]

一方、高級料理店や待合、劇場といったいわゆる高級娯楽の廃止を大いに歓迎して受け止めた人々も少なくなかった。作家の伊藤整もその一人である。彼は昭和一九年二月の日記に、こう書いた。

夕刊にて、情報局発表として、三月五日よりの高級料理店、高級劇場、待合、芸妓、の廃休業、女子挺身隊制度の強化つまり女子の徴用の実施等の具体案発表される。大事件である。しかしこれまで目の敵にされたこれらの施設が無くなるのは結構だと思う。なお官庁は無休となり、日曜に交代に二週一度の休みが出る由。緊急態勢の大躍進、国内生活の未曾有の変革である。急歩調である。心がひきしまる感が深い。どんな変化も一日にして実現しうる時代なのだ。[25]

愛国者そのものだった伊藤は、「これまで目の敵にされたこれらの施設」が廃止されることを大いに歓迎しているが、有産者にとっては、逆の意味で「大事件」であったろうし、「どんな変化も一日にして実現しうる時代」であるとの思いを噛み締めざるを得なかったに違いない。伊藤整の他にも、たとえば、横浜に住んだある男性は、「料理屋、カフエー、バー、待合、旅館等」は、「之れを最少限度たらしむることが是非必要であることは論ずる必要はないものであり、徒に過去の夢を追ったり自己的な考え方で終始しているような欧米的な考え方は断乎排斥しなければならない」との持論を、神奈川県のある新聞に投書していた。[26] また、同じく横浜で兵器会社に勤めるある職工は、「有閑知識層に檄す」と題された投書を新聞に掲載した。その投書によれば、この職工はある日劇場へ行った時、月曜日だからいくらも入場者はいないだろうと思っていたところ、案に相違して大劇場が満員だったため非常に驚き、「有閑知識層」に対して次のように訴えた。

かように有閑な人々がこの総力戦に存在することは遺憾に堪えない。われわれは毎日汗水たらして、兵器製作に精魂を尽くしている。而も諸氏が安眠している頃、握るハンドルに血を通わせて一刻も早く兵器を前線へ届けたいと夜勤までしているのだ。大東亜戦争に一億一心、火の玉の情熱を国家に捧げるのに不平をいうのではないが、平常インテリを自

認している諸氏よ、黙々として汗水たらしている産業戦士の事にも、留意して頂き度い。(27)

一方、果たして高級娯楽と呼べるかどうかは疑問であるが、何年もの間通い続けた浅草の劇場オペラ館が閉鎖となり、最も強いまた深い精神的な打撃を受けたのが、永井荷風である。昭和一九年三月末の荷風の日記には、オペラ館最終日の楽屋の様子と、荷風自身の感慨が次のように書かれている。

八時過最終の幕レヴューの演奏終り看客立去るを待ち、館主田代旋太郎一座の男女を舞台に集め告別の辞を述べ楽屋頭取長沢一座に代りて答辞を述る中感極り声をあげて泣出せり。これにさそはれ男女の芸人凡四五十人一斉に涙を啜りぬ。踊子の中には部屋にかへりて帰仕度しつつ猶しくしく泣くもあり。〔中略〕余も覚えず貰泣せし程なり。回顧するに余の始めてこの楽屋に入込み踊子の裸になりて衣裳着かふるさまを見てよろこびしは昭和十二年の暮なれば早くも七年の歳月を経たり。オペラ館は浅草興行物の中真に浅草らしき遊蕩無頼の情趣を残せし最後の別天地なればその取払はるると共にこの懐しき情味も再び掬し味ふこと能はざるなり。余は六十になりし時偶然この別天地を発見し或時は殆毎日来り遊びしがそれも今は還らぬ夢とはなれり。一人悄然として楽屋を出るに風冷なる空に半輪の月泛びて路暗から ず。地下鉄に乗りて帰らんとて既に店を閉めたる仲店を歩み行く中涙おのづから湧出で襟巻を潤し首は又おのづから六区の方に向けらるるなり。余は去年頃までは東京市中の荒廃し行くさまを目撃してもさして深く心を痛むることもなかりしが今年になりて突然歌舞伎座の閉鎖せられし頃より何事に対しても甚しく感傷的となり、都会情調の消滅を見ると共にこの身も亦早く死せん事を願ふが如き心とはなれるなり。オペラ館楽屋の人々は或は無智朴訥。或は淫蕩無頼にして世に無用の徒輩なれど、現代社会の表面に立てる人の如く狡猾強慾傲慢ならず。深く交れば真に愛すべきところありき。されば余は時事に憤慨する折々必この楽屋を訪ひ彼等と共に飲食雑談して果敢き慰安を求むるを常としたりき。然るに今や余が晩年最終の慰安処は遂に取払はれて烏有に帰したり。悲しまざらんとするも得べけんや。(28)

世論や当局の有産者に対する攻勢を受け、有産者の不幸は、彼等の私生活の広範な領域に及んだ。例えば、結婚である。そもそも結婚のための諸費用は、特に嫁を出す場合多額の支出を要し、階層による格差も非常に大きい費目である。招待客の数や豪華な式服と家具調度、有り余る酒や手の込んだ料理は、上流階級にとってその家の体面を保つために絶対に譲れないものであり、闇値での調達もいとわれなかった。ところが、昭和一八年一月長野県では、「現在一般市民の質実な銃後生活の反面、一部階層には依然根強い旧体制の生活部面が潜在し、国策への一致協力を阻害してゐる傾向があり、例えば結婚式服等で禁制の衣類をひそかに購入しようとするもの、ことさら華美な結髪を行はんとするものなど不心得なものがある」ため、翼壮が長野市内の写真、結髪、染色、呉服などの業者代表と懇談し、業者側から客に反省を促すよう協力を要請したという。

また、長野県上伊那郡翼壮は、裾模様の花嫁写真を写真業者の店頭から撤去させた。さらに、長野県各市町村では、見合い、結納、結婚式、披露宴、引出物、式服、髪型、家具調度などについて、費用の上限を定めたり、その内容を規制するための申し合わせを取り決めたりした。一七年七月の上高井郡大政翼賛会協力会議の席上では、ある女性議員が「戦時生活（結婚改善その他）は最も下の階級の生活を見て、これを標準にした生活態度を確立し、町や村の有力者、指導階級の人から率先してこれを実践して貰はねば、どんな申し合せをしても無駄であると、指導者上層階級の生活態度の刷新を力説して多大の共鳴を呼んだ」という。(29)

有産者は、お妾をもつ自由に対してさえ、当局や翼壮の干渉を受けた。昭和一八年一月、長野県松本市の翼壮は、国民皆働運動の一環として「市内のお妾さんを徹底的に調査、名簿に登録の上、当人は勿論、旦那とも懇談、お妾に重要産業人へ転業を勧奨」したという。そして、中流以上の階層の家の「有閑女性」、すなわち女学校卒業後家居していた未婚の娘たちが女子挺身隊に編入されて軍需工場へ動員され始めたのは、この年の末であった。また、翌一九年二月国民職業能力申告令の改正により、女子満一二歳以上四〇歳未満で配偶者なき者は、申告が必要となった。この改正における注目点は、未亡人や「正妻でないお妾さんやこれに類するもの」が、申告しなければならなくなったことである。(30)もっとも、こうした当局からのその種の干渉によって、お妾さんをもつ旦那衆が本当に事実上根絶されたかどうかは疑問であり、世間やその筋からの指導を受けたからといって、品行方正に目覚める男の数がそれ程多いとも思えない。そして、その後数十年がたち、一般のサラリーマンまでもがこの時代の有産者の特権を享受するようになる社会が、日本に出現することになる。金持ちに限らずごくありふれた普通の人々が、かつての旦那衆と同等に「愛人」をもつことのできる新しい時代が、戦後日本にやって来るのである。

(1) 北河賢三、望月雅士、鬼嶋淳編『風見章日記・関係資料』(みすず書房、平成二〇年)二九六〜二九七頁。
(2) 板垣邦子「決戦下国民生活の変容」(山室建徳編『日本の時代史25　大日本帝国の崩壊』吉川弘文館、平成一六年)一八三頁。
(3) 大佐古一郎『広島昭和二十年』(中央公論社、昭和五六年)一〇九頁。
(4) 吉村昭『東京の戦争』(筑摩書房、平成一八年)九五頁。
(5) 本間千枝子『父のいる食卓』(文芸春秋、昭和六二年)二四一頁。
(6) 同右、二四九〜二五〇頁。
(7) 山本七平『一下級将校の見た帝国陸軍』(文芸春秋、平成二〇年)二二八頁。
(8) 永井壮吉『荷風全集』第二四巻(岩波書店、平成六年)三九一頁。
(9) 淡谷のり子『わが放浪記』(日本図書センター、平成九年)一二〇頁、一二五〜一二六頁。
(10) 西井一夫編『昭和史全記録』(毎日新聞社、平成元年)二二〇頁。
(11) 内川芳美、松尾尊允監修『昭和ニュース事典』第八巻(毎日コミュニケーションズ、平成六年)一二四頁。
(12) 井上太郎『旧制高校生の東京敗戦日記』(平凡社、平成一一年)二八〜二九頁。
(13) 同右、三四、八四頁。
(14) 昭和一九年が、やはり時代の転換点であったようである。昭和一七年の時点では、従来通り長野県内各温泉地は都会からの行楽客で賑わい、夏山には登山客が、冬にはスキー客が押し寄せていた。また、昭和一八年も同様で、現地の新聞は「何としたことかこの翼賛会の声をからしての猛運動に背を向けて仏都長野は毎日数万人の人手、特に善光寺を中心として城山公園はこれら物見遊山の連中で埋ってゐる有様である〔中略〕日曜でも休日でもない平日にこの人の洪水は不思議の外はない」と報じている(前掲「決戦下国民生活の変容」二一四頁)。

(15) 板垣邦子『日米決戦下の格差と平等』(吉川弘文館、平成二〇年)一二三〜一二四頁。
(16) 前掲「決戦下国民生活の変容」一八四頁。
(17) 前掲『日米決戦下の格差と平等』一四五〜一四六頁。有産者の手から剝奪し、それを一般大衆に明け渡すことを求められたのは、温泉地だけではなかった。すなわち映画や演劇も、有閑人士による独占を打破し一般人に開放することが求められた。その結果、昭和一八年一〇月、「都会の独占」だった封切映画が「産業戦士優先」の旗の下に農漁山村で移動上映され、また、娯楽を「有閑相手から一億戦闘配置に新生する」目的で、演劇・演芸の上演時間が一回あたり四時間以内に制限されることになった(前掲『昭和史全記録』二八六頁)。
(18) 前掲『昭和史全記録』二九一頁。
(19) 野上彌生子『野上彌生子全集第II期』第八巻(岩波書店、昭和六二年)二五六〜二五七頁。
(20) 前掲『昭和史全記録』二九一頁。
(21) 前掲『昭和ニュース事典』第八巻、一三五頁。
(22) 古川緑波『ロッパの悲食記』(筑摩書房、平成一八年)四三〜四四頁。
(23) 前掲『昭和史全記録』二九二頁。
(24) 前掲『ロッパの悲食記』六〇頁。
(25) 伊藤整『太平洋戦争日記(二)』(新潮社、昭和五八年)二八四頁。
(26) 横浜の空襲を記録する会編『横浜の空襲と戦災2　市民生活編』(横浜市、昭和五〇年)四二〇〜四二一頁。
(27) 同右、四一九〜四二〇頁。
(28) 永井荷風『荷風全集』第二五巻(岩波書店、平成六年)二一〇〜二一一頁。
(29) 前掲『日米決戦下の格差と平等』一四六〜一四七頁。
(30) 同右、一五一頁。

第二章　配給という受難

統制経済や配給制度の実施は、有産者にとって計り知れない打撃となった。それは、有産者の毎日の生活を経済的に圧迫しただけではなく、有産者を精神的にも追い詰めて行った。戦時下で経済統制が進み、人々の日常生活において物資が逼迫すれば、それらを扱う商業者の立場が強化され、商人や商店の不親切、無愛想、営業時間の短縮、縁故や情実による販売、売り惜しみ、隠匿、闇取り引き、横流し、量目不足、粗悪品販売、抱き合わせ販売、物々交換の要求など、「商人の道義低下」が必然的に進行する。そして、戦時下におけるこれらの行為に対して、「世論」の厳しい批判が展開された。(1) 戦時下において、必需品を購入することがいかに大変なことであったかに関して、山田風太郎の日記には、東京医専に入学した山田が入学早々学生帽を買おうとしてひどく苦労した話が書かれている。

昭和一九年四月二八日、入学後も学生帽の無かった山田は、下校後雨のなかを神田の帽子店へ帽子を買いに行った。しかし、店では「明日でなければ出来ない」と言われた。(2) そこで、翌日も店に行ったが買うことはできなかった。山田の日記によれば、夜、神田へゆくと、もう帽子は売切れたという。明日まで待ってくれといったではないかと抗議すると、ないものはしかたがない、とけんもほろろである。遠いところから来たんだから何とか一つ頼みたいというと、だれもそうだとうそぶく。文句をいうならよその帽子屋へいってくれとそっくり返る。よその帽子屋といっても、帽子屋など殆ど廃業してほかにないではないか。癪にさわる胸をなで下ろし、ではきっと明日くるからと約束して、夜の神田を歩く。帽子一つ買うのにこの騒ぎである。(3)

仕方なく、また翌日も同じ店に行くが、結果は前日と同じだった。そこで、別の店を散々探した挙句、夜になってようやく質の悪い帽子を一つ手に入れることができた。日記には、こう書かれている。

夕、また神田へ。帽子また売切れたと。こうなると悲惨なんだか滑稽なんだかわからない。〔中略〕橋を渡り、帝大病院の門前へ出て、帽子をさがしつつさまよい歩く。夜は迫る。〔中略〕やっと店を閉めたばかりの帽子屋を見つけ、哀願して、ついに一個の角帽にありつく。上等のやつはあさってにならなければ出来ないというのを、下等のやつでいいからと、七円三十銭のものを買う。帰れば足は棒のごとし。新しい下宿に戻り、荷物の整理をして死んだように眠る。(4)

ところで、社会の強い非難を浴びた業者の情実販売や縁故販売の相手方とは、いうまでもなく有産者であった。そのため、物不足に乗じて独占的に利を占める業者だけではなく、彼らの得意先である財力と労力に余裕をもつ有産者に対する世間の反感は、強くて根深いものがあった。また、そもそも長時間の買物行列に並べるのは、俸給生活者家庭の主婦以上の階層であり、それは恵まれた階層に属していた人々である。それ以下の階層は、まさしく貧乏暇なしで、主婦も家業や内職に追われる一方だった。したがって、隣組配給制への移行は、いってみれば、物資の「公平」な分配を求める一般大衆の強い要求に引きずられるようにして実現されて行ったのである。(5)

配給とは、平等や公平さが最も厳しく問われた恐るべき場面であった。まず、生活必需品が満足に手に入らない状況の下で、配給は人々を支える最後の命綱であり、そのことは、貧乏人にとっても金持ちにとっても変わりはなかった。西日本新聞東京支社の社員として出版部関係の原稿集めの仕事をしていた一色次郎は、米の配給所の様子を、昭和二〇年七月の日記に次のように書いている。

配給を受け取りにきた人たちは、みんな、怯えた顔をしていた。配給所の親父が三人――ひとりは、以前の私たちの配給所――罹災した家の主人で、出納を受け持っていた。ひとりは伝票を読み上げ、秤の目盛りを調べ各人へ渡す役、ひとりが秤桶へ米を入れていた。「みんな、袋の口をひろげて待っていてください、……受け取る段になってから紐をといたりしていると、面倒で仕方がねえ」たいした人数でもないのに、二番目の男は横柄な口をきいた。北沢一丁目のほうの配給所は親切で評判がよかったが、このあたりは人気が悪かった。かつての令夫人や奥さんたちが、命令されるとびくっとして、いっせいに袋をひろげた。(6)

「かつての令夫人や奥さんたち」も、貧乏人も有産者も、配給所の親父の前では、誰もが平等に緊張せざるを得ない。それが、配給制度の本質である。また、食料品や生活用品の公平な分配こそが、苦しい戦時下の生活に耐えている一般大衆の最も大きな要求であり、最も強い不平不満が不公平に対して向けられた。そもそも総力戦体制では、その重圧にも不便さにも苦難にも、万人が等しくそれに耐え抜いていかなければならない、と人々は考えた。そこには、身分や「分際」の違いも、金持ちと貧乏人の区別も無いし、またあってはならない。要するに、総力戦体制の下では全ての人々が平等なのである。そして、そのように他者も自己も平等で同質な存在であると考えるからこそ、人々は他者とのわずかな違いや格差に敏感にならざるを得なかった。長野県のある新聞は、当時「物資が逼迫してくると、無いのは我慢するが、恐ろしいのは不公平でありそれから来る不満である」と書いたという。つまり、無いのは我慢できるが不公平は我慢できない、誰もが同じ生活で戦争を戦うために配給制度はあるのだ、と。配給の平等、負担の平等と、あらゆる場面で「平等」が追求されていた。(7)また、横浜に住むある男性も、同様のことを当局に訴えた投書を、神奈川県のある新聞に掲載した。

我らはまずい物でも公平に日本国民がみんなで食べあえば誰人も不平を叫びませんが、同一都市に住み乍ら三者三様の配給を受けると言う事の不徹底振りを嘆かずにはいられません。配給制度もその運営の如何によっては物、心両方面に多大なる欠陥を生ずる事は明らかであるから公平に誰人も忍ぶというように指導して戴きたい。(8)

このような状況のなかで、その配給役をつとめた隣組長などは、四六時中その気苦労が絶えなかったらしい。長野県の翼賛会県支部事務局長は、「隣組配給の場合、公平々々といつても、凡そ物には、例えば一匹の魚について も頭も尾もあるので、どの人へもいい処ばかりやるといふ様な事は不可能なのですから、ただ物の公平々々といふ事ばかり考へず、もつと物のみにこだはらない立派な精神的な考へ方を皆持たなければならない」と述べたという が、しかし、現実問題として、末端の隣組長がそうした精神論を説いていられるものではなかった。結局彼らは、人々の最大の関心事である「平等」に神経を使わざるをえなかった。長野市内のある隣組長は、次のようにいったという。

どの隣組長もさうであるやうにお互ひに頭を悩ませるのは組内の家庭に対する魚だの、洋品だのといふ物資の配給割当と寄付金や債券の割付けである。しかもこれらのことが隣組の最も大きな精神である「団結」に直接影響するから、組長の仕事のうち最も容易ならざる仕事であることはいふまでもない。仮に配給された鶏卵でも、これに公平を欠かうものなら一個の鶏卵が隣組の共同をぶち壊す結果を招くことになり、人知れぬ組長の苦労があるわけである。かうしたときに一番悩みの中心となつてくるものは「平等」の方法である。どの家もみんな同じ数量に割付けることが平等であるか、または其家族人員や家族の構成等の実情に応じて割当てるかといつたことである。(9)

また、配給だからといって、いつもそれなりの分量の食料品や日用品が配給の対象になるわけではない。東京の日暮里で戦時下の生活を体験した吉村昭は、「今でも忘れがたい記憶」として、隣近所七、八世帯に配給された野菜がわずか大根一本だったことがあると回想している。そして、何と主婦たちはその一本の大根を輪切りにして、「公平に」分配したという。

その時は私の家が当番になっていたのだろう、隣り近所の主婦七、八人が家に集ってきた。配給される野菜はわずかに大根一本。しかし、それを前にした主婦たちが、別に驚いた表情もしていなかったのは、野菜の配給といってもその程度であったのだろう。たまたまその場に居合わせた私は、主婦たちがそれを庖丁で公平に輪切りにするのを見守った。一軒分が風呂吹き大根一個ほどの量であった。(10)

一方、新聞記者だった大佐古一郎は、出勤前、同じく隣組の人たち七、八人が、さんま三匹と太刀魚一匹をどのように公平に分けるべきかについて頭を悩ませている場面に遭遇した。そして、その様子を日記に次のように書き記している。

朝、家を出るとき前川さん宅の前で隣組の人たち七、八人が配給物資のおからやだいこんを中にしてガヤガヤ話し合っている。私がのぞき込んだのを見た立石の奥さんが「大佐古さん、これをどう分けたらいいでしょうねえ。みんな欲しがっておられるんですよ」といってさんま三匹と太刀魚一匹を指さす。私も、とっさなので「さあ!」と頭をかしげたまま出勤する。帰宅して妻に聞くと「結局、抽選で一匹を当てたが、子供のいる小倉さんに譲った」そうだ。(11)

また、東京に住んでいた野上彌生子も、配給品の公平な分配をめぐって隣組の人たちがもめたことを、日記に書き残している。昭和一七年二月末の彼女の日記によれば、その日隣組にタオルと寝巻きの配給があったが、品数が班の人数分の半分しかなかった。そして、その時はたまたま野上家が当番であったため、結局息子のY(耀三)が、先任順に配分し、一番先に権利のある息子自身はその権利を放棄した。ところが、今度はそれを見た隣組の人々が、野上家にはどうせ蓄えがあるから権利を放棄したのだろうと、悪口を言ったという。野上の日記によれば、

Y例の通り帰宅、元気で一週間の溜め話をする。タオルねまきの配給があった。しかし班の人数にすれば半分しかない。それぞれの班で分配にもめた。Yは先任順――成績順になる――にとらせる事にした。同時に第一番にとる権利のある自分はそれを抛棄した。こんなところがYのよさである。ところが貰った連中は悦ぶとともに、いづれYにはストックがあるのだらうと話してゐた由、事実はタオルネマキがうちでは一番ほしいものである。よの中といふものはそんなものだ。[12]

このように、隣組は配給の際の平等にひどく神経を使ったが、平等が徹底的に追求されたのは隣組のなかだけではない。すなわち、まず当時「産業戦士」と呼ばれた工員用として、軍需工場や事業場には生活必需物資が特別配給されたが、それが一般家庭と比較して隔たりがあり、公平さを欠いていると問題視された。特配を受けた工員の中には、それを横流しする者も出て、人々の反発を買った。また、工場と工場との間の均衡、工場内での均衡も問題となった。そして、「隣の工場へ酒や地下足袋が配給になつたが、俺の工場へは来ない」、「俺の工場は隣の工場より大きいのに配給物資が少い」、「幹部が配給物資の頭をハネてゐるらしくいつも俺の工場は配給量がすくない」などの声が挙がり、工場や事業場の産業戦士に特配される物資をめぐって、人々は疑心暗鬼に陥った。[13]さらに、物資配給に関して工員家庭と農家の差異が、食糧の平等分配をめぐって各県ごとの格差や、市部と郡部の区別の是非が問題となり、また貯蓄や供出の割り当てをめぐっては、米を供出する農家と飯米（非供出）農家との間の公平、多角経営農家と米作専業農家との間の公平が主張された。[14]

特に、地域と地域との間の格差は、当局にとって厄介な問題だった。なぜなら、旅行者や疎開者によって、各地方の物資配給の様相や相違が直接体験され、それがたちまちのうちに人々の話題となるからである。そして、なぜ自分の所には他の地域より少ないのかという不満が、当局に向けられる。こうして、府県ごと、市町村ごとの相違が、人々の注意を引くようになって行った。しかも、物資が乏しくなり貴重になればなるほど、人々は、たとえば隔月に一個ずつ配給された乳児用石鹸について、なぜ村ごとに個数が異なるのかと尋ねずにはいられなかった。そして、わずかの相違にも神経を尖らせていた。[15] 一方、一般人が耐乏を強いられている最中に、特配物資を流用する軍需工場幹部や、業務用物資を私物化して情実売りをする飲食店や商店、また役得行為をなす官公吏、国鉄職員などへの世間の怒りは強かった。特に、官公吏は本来率先垂範すべき立場、すなわち公平や平等を図るべき立場であるにもかかわらず、逆に役得にありついていると批判された。[16]

ところで、配給品のなかでも、特に嗜好品である酒や煙草の配給方法は一番の悩みの種であった。大蔵省専売局の方針を受けて、煙草が配給制となったのは昭和一九年一一月からである。山田風太郎の遺した日記によれば、煙草が配給制となる直前、一九年一〇月末の行列買いの行列の長さは、何と一キロにも達したという。一九年一〇月二七日の山田の日記によれば、「十一月より煙草配給制となるゆえに、このごろの煙草の行列真に恐るべきものなり。千メートルは優に続く。八時より売り出すに朝五時より待つ者少なからず[17]」という。専売局は、行列買いや小売店の横流しなどを防止するため煙草の隣組配給を実施すると発表し、これを受けて煙草の配給量は口付き、両切りは一人当たり一日六本、まきざみは一人当たり一日六グラムとし、隣組を通じて付近の小売店にその組内の成年男子中の喫煙者を登録させ、これをもとに五日ないし一〇日分ずつ隣組へ配給することとなった。そして、隣組長が、組内をまとめて煙草小売店に喫煙者の登録をすることになった。

ところが、その方法や配給の仕組みについて、各地で混乱や誤解が続発した。すなわち、成年男子は一日六本の割当を受ける権利があるものとして、喫煙しない者までが割当を要求したり、また、婦人喫煙者への配給についても議論が巻き起こったりした。[18] たとえば、横浜在住のある女性は、婦人喫煙者の問題についてある全国紙に投書し、煙草配給に関する女性の権利を主張した。彼女は、現状では、女性が煙草の配給を「もらえるようでもらえないような、変な具合だ」と評し、「世の中に煙草がなくならない限り喫いたい煙草は、路上のを拾っても喫いたいのが通例であり、男も女も変りはない。男子を特権者の如くに思わせるような処置は避け、もっと妥当な明るい処置を望む。六本の煙草が四本になっても、あらゆる人が気持よく分け合ってこそ、お互いに慰めあえるのではないか」(19)と訴えた。こうした混乱した状況に対して、専売局長官が示した方針は、次のようなものであった。

一、成年男子一日六本といふのは、隣組への配給量を決定する際の基準であつて、成年男子は一日六本の配給を受け得るといふ権利があるのではない。

二、この配給量を配分する際には、その隣組内の成年の喫煙者に分配するのであつて、男子女子を問はない。従つて成年男子でも喫煙の常習を持たないものには決して配給してはならない。

婦人喫煙者の問題については、それを擁護して「今日、婦人の銃後における現実の役割がいかに重要であるかは、今さら論ずるまでもない。もとより絶対数において男に比し女の喫煙者が少いことは明かなるも、苟くもすでに喫煙してゐる女の愛煙の程度は、男と何ら異ることなきは、これまた論なし」とし、男女平等の配給を提案する投稿さえ、全国紙に掲載されたという。一方、これに対して、女性喫煙者を押しのけて、非喫煙者だった男性が喫煙者と同等の配給を要求して譲らなかった事例も出現した。『信濃毎日新聞』コラムは、悪平等にまで牽引してやまない人々の平等志向の手ごわさについて、次のように解説した。

喫まぬ男、呑まぬ先生には言ひ分がある。酒やタバコをよこさぬといふなら、なにかそれの代償となるものを配給してくれるが当然ではないかといふのである。嗜好品を遠ざけて、孜々営々と真面目に働いてゐるものの立場を、認めてくれてもよかりさうなものではないか、といふのである。〔中略〕物が窮屈となれば、何とかして手に入れる工夫の一つに物々交換がある。そこへ持込まんがために、悪平等配給を要求してやまぬのが低意であることは瞭然たる事実だ。

物々交換封鎖はいふべくして行はれ難い。[20]

一色次郎が住んでいた東京世田谷の隣組でも、煙草の平等な分配の仕方について随分もめたようである。一色の隣組では、煙草を吸わない男にも配給され、一方煙草を吸うにもかかわらず配給をもらえない女の不満がたまっていたようであるが、彼もこの問題の難しさに着目し、昭和二〇年五月の日記で次のように解説している。

煙草でもめるのは。こういうことである。女には、配給がない。ところが、吸わない男にも配給になる。つまり、いっぽうのおとなは、これまで、煙草がなければ生きていけないことで、煙草専売局の結構なお得意であった。ところが、配給制度になったら、全然買えなくなった。そのため、日夜苦しんでいる。ところが、いっぽうでは煙草を吸ったこともないのに、男だからというだけのことで配給になる。そちらでは、公定の安い煙草を買って、食べものと交換している。なかには自分が吸いはじめ、こんどは不足して苦しんでいる。これでは不合理だから、吸わない男子の分を、喫煙家の女子にまわしてほしい、というのだが、男が自分の権利を無償で放棄するわけがない。隣組長の裁断で、と女の人は詰めよるのだが、こんなとほうもないことに結着をつけることのできる組長がいるわけがない。これでいつも、もめるのである。[21]

(1)　板垣邦子『日米決戦下の格差と平等』（吉川弘文館、平成二〇年）一〇五〜一〇六頁。情実販売に関して、昭和一九年五月長野県のある新聞はこう書いた。「砂糖が減つても、配給がおそくなつても、それは共通的事態であるから、不平の種にはならぬ。然るに、何処ぞで魚の情実売りがあつたとか、乃至は切麩の如きつまらぬものでも、自由販売のため一部のもののみ入手してゐる事態が、真面目な生活者をして、凡愚の悲しさ、つい不平的言辞を誘発せしむる」（板垣邦子「決戦下国民生活の変容」（山室建徳編『日本の時代史25　大日本帝国の崩壊』吉川弘文館、平成一六年）二一五頁）。この文章は、人々がいかに食料配分の公平化に強くこだわっていたかを物語っている。

(2)　山田風太郎『戦中派虫けら日記』（筑摩書房、平成一八年）三三八頁。

(3)　同右、三三九頁。

(4)　同右、三四〇〜三四一頁。

(5)　前掲『日米決戦下の格差と平等』一〇六〜一〇八頁。

(6) 一色次郎『日本空襲記』(文和書房、昭和四七年)五三五頁。
(7) 前掲「決戦下国民生活の変容」二二〇頁。
(8) 横浜の空襲を記録する会編『横浜の空襲と戦災2　市民生活編』(横浜市、昭和五〇年)四一八頁。
(9) 前掲『日米決戦下の格差と平等』一〇八〜一〇九頁。
(10) 吉村昭『東京の戦争』(筑摩書房、平成一八年)一四〇頁。
(11) 大佐古一郎『広島昭和二十年』(中央公論社、昭和五六年)六九頁。
(12) 野上彌生子『野上彌生子全集第Ⅱ期』第七巻(岩波書店、昭和六二年)四四八頁。
(13) 前掲『日米決戦下の格差と平等』一三八〜一三九頁。昭和一九年県立横浜一中の三年生だったある男性は、勤労動員により安立電気横浜工場で働かされたが、工場で、前からいた工員たちが動員学徒との間の配給の格差に不満をもち、大騒ぎした場面を目撃した。男性は、一九年一一月の日記に次のように書いている。「昨日我等学徒にのみ、石鹸の配給があったことを聞いた工員は今日、これについていろいろ大騒ぎをし、『なぜ学徒にのみ配給するか』、『学徒より汚れる仕事をする人はいくらでもある』等と言って話し合い、中には係長や課長の所に迄行って、その理由を問い詰める様な人もあった。然し結局、『学徒への配給は県の指令による』と答えられ、漸くこの問題は鎮まったが、その配給主旨が確定する迄、我等は非常に居づらいおもいをせざるを得なかった」(前掲『横浜の空襲と戦災2　市民生活編』一五五頁)。
(14) 前掲「決戦下国民生活の変容」二二〇頁。
(15) 前掲『日米決戦下の格差と平等』一三五〜一三六頁。
(16) 前掲「決戦下国民生活の変容」二二一〜二二二頁。
(17) 前掲『戦中派虫けら日記』四八五頁。
(18) 前掲『日米決戦下の格差と平等』一二九〜一三〇頁。
(19) 前掲『横浜の空襲と戦災2　市民生活編』四二三頁。
(20) 前掲『日米決戦下の格差と平等』一三一〜一三五頁。
(21) 前掲『日本空襲記』四三三頁。

第三章　買出しと疎開

配給という制度は、有産者にとって大きな受難であった。しかも、配給によってある程度の量の食料や生活必需品を得ることができたとはいえ、そもそも人々にとってそれだけで生活して行くことは最初から無理であり、配給を補うために多くの人々は田舎へ買出しに出た。当時、都立高校の学生で自らも買出しを経験した井上太郎によれば、東京から近県への食糧の買出しはすでに昭和一七年頃から始まっていたが、昭和一八年九月には、都市近郊からの持ち出し量が制限されるようになった。すなわち、茨城・群馬の両県では一人あたり八貫目（三〇キロ）まで、また千葉、埼玉、神奈川、栃木、山梨の各県では二貫目（七・五キロ）までと決められた。そのため、小学生までがリュックサックを背負い、満員列車に乗って買出しに出かけたのである(1)。しかし、買出しは、いつもうまく行くとは限らない。昭和二〇年二月、一色次郎が夫婦と友人知人総勢五人で、本厚木駅からさらにバスに乗って着いた農村から平塚の近くまで四〇軒の農家を歩き回った時の成果は、わずかに「ダイコンが十本ばかり、カボチャがふたつ」だけであった(2)。その後、同年四月、一色の妻が知人と一緒に別の所に買出しに行った時には、「手ぶらで帰ってきた」という(3)。

また、高いお金を払っただけではなく農民に物まで譲り、さんざん頭を下げて苦労の末に食糧を手に入れたはいいが、挙句の果てにそれを発見されて持ち物を没収されるという目も当てられぬ悲劇に遭う人々も多かった。さらに、買出しの大荷物を背負って列車に乗るのが、また死ぬ苦しみだった。列車は満員で入口からは乗れず、窓から入ったりするのが常態だった。一色は、「列車の混雑は、想像以上である。最初の列車はドアのあかない箱が多かった。中からおさえているのである。たまたま、二、三人おりた箱へは数十人殺到し、やがて動き出した入口には、子供を背負ったお神さんが、わずかに片足かけてぶら下がっているのには驚いた。列車の最後部、連結器のところにしがみついている工員もあった」と、列車の様子を書いている。しかし、同時に彼は、「こうして、買出しをしなければ、いまの都会の人間は食べていかれないのである。また、買出しにいけば、量は少ないにしても、かならず何かある。家にじっとしていては、飢えるばかりである。だから、みんな、買出しにいく」と、日記に記した。[4] 井上太郎によれば、東京近郊で最も買出しが多かったのは埼玉県であり、昭和一九年二月の新聞は、平日は五千人、休日には一万人近くの人々が殺到し、公定価格の二倍から三倍の闇値で買った食糧が日に平均一万貫（三七・五トン）持ち出されている、と報じたという。[5] また、歴史学者の色川大吉によれば、東京では一日に四万人以上の人々が買出しのために動いたともいわれる。[6]

雑誌『日本評論』の主筆などをつとめた有名なジャーナリスト室伏高信も、その生活を買出しに頼った人間の一人であった。室伏によれば、物資の不足は「終戦に近づいてくるにしたがって、それが幾何級数で増してきた」。そのため、「妻は炊き出しでなく、買い出しに追われ」るようになったという。幸いに室伏は、地方の農村に幾人かの友人があったため、彼らから「貧者の一灯」としての米を分けてもらい、自身は何とか食いつなぐことができたが、それでも職業柄来客の多かった彼は、自宅の玄関に「お米ご持参なき方は食事ご遠慮下さい」との文言を掲げざるを得なかった。そして、ある時国府津にいた室伏のところに、箱根の富士屋ホテルから電話がかかってきた。電話の相手は、宝塚少女歌劇や東宝映画などを創設したことで知られ、近衛内閣の商工大臣、戦後は幣原内閣の国務大臣をつとめることになる小林一三であった。用件は、「箱根へ来ているが食べものがない。一升でいいからお米がなんとかなるまいか」ということであった。室伏は、あっちこっち探して何とか一升の米を小林に届けることができたが、「小林はほくほくしていた。この大実業家でさえ、いかに一升の米がありがたかったかがわかろう」と書いている(7)。

また、伊藤整の家も、買出しによって食糧を補っていた家庭である。昭和一八年一二月の伊藤の日記によれば、彼の家では女中の菊が所沢まで買出しに出た時、危ないところをどういう訳か巡査が見逃してくれるという予期せぬ幸運に恵まれた結果、菊は無事帰宅することができた。彼女の話からは、買出しをする人々にとって、翼賛壮年団員が、巡査に劣らず怖い存在であったことをうかがうことができる。

菊は今日朝から隣家の細君に伴われて、八王子の北方所沢辺の東秋留というところまで甘藷を買いに出かけたが、甘藷四貫目と麦粉を二貫目買って来たという。その辺は電車賃が二円ほどかかるけれども、甘藷は前には六七十銭今度は一円であまり高くないし、いくらでも売るらしく、方々に買い出しの人が行っているという。駅から遠いほど安く、山を一つ越すと十銭ほど安くなるという。ところが帰途交番の前で腕章をつけた男につかまり、何という家から買って来たか言わないと警察へつれて行く、とか、そんなに背負って恥しくないかとか言われ、本当に怖しかったという。(翼賛壮年団員か何かであろう）ところが、そこへお巡りさんが来て、いいよいいよ、どうせ足らないんだから、とかえって取りなしたという。花村夫人がもう決して来ませんからと謝ると、お巡りさんは、また来てもいいよ、と言ったので、花村夫人はほっとした為に泣き出したという。菊も足がぶるぶるして本当に怖しく、もう二度と行かない、と笑って言っている(8)。

買い出しに行って警官に見つかったのは、伊藤家の女中だけではない。京都でビリヤード店を営んでいた田村恒次郎の娘つるも、買い出しの目的地三重県亀山の駅を下車したところで警官に見つかった。つるは、昭和初期には三つの支店を出す程繁盛したものの、戦争とともに客足が遠のいた結果、本店のビリヤード店だけを細々と続け辛酸をなめていた父親や家族を思い、亀山から一里半歩いた所にあった馴染の農家に通ってさつま芋を手に入れ、家族皆の食生活を支えていた。昭和二〇年二月の田村の日記によれば、駅を出たつるを見つけた警官がつるに向かってしたお説教の内容は、要するに、さつま芋の買い出しが国民平等の配給制度の趣旨に反するということであった。警官は、つるに対してこう一喝した。「今日、比島や硫黄島の闘いを、何と心得るか。一億国民平等の配給制度を破りて芋買いに来る非国民め、直ぐに帰れ帰れ。今度見付けたら、豚箱へほり込んで体刑に処するぞ[9]」。

また、埼玉県の住民で大宮市の北方の農村に買出しに行ったある会社員の男性も、生まれて初めて行った買出しで、運悪く警官に捕まってしまった。大宮警察署へ連れて行かれた彼は、同様にして連れて来られた何組もの人々と並んで取り調べを受けたが、その時「七十に手のとどきそうな老婆が、警官に、とびかからんばかりの血相で泣きながら『私たちをどうしてくれる、子供が死んでもかまわないのか、品物を返せ返せ』と絶叫」している場面を目撃した。その後彼は、苦労して手に入れた甘藷と牛蒡を強制的に公定価格で買い上げられ、残された人参と小蕪だけを持って帰る他ないことを悟った。ところが、その時、思いがけないことが起こった。彼によれば、「ちょうど私の傍を通りかかった警官が、足を止めたと思うと、私の人参を一つかみ持ったのです。どうするかと見ていると、とぼけた顔をして、私には一言の許しもなく、警察署の中へ消えて行ってしまいました。その体格のよい警官の後姿を見送りながら、私は心に強い憤りを感じました」という[10]。

一般に、配給制度の下では、たとえ金や資産を持っていたとしても、それだけでは食って行くことはできない。

人々は、それぞれが自らに与えられた条件の下で、食っていくためのいろいろな方策を考えながら生きていく他はなかった。一色次郎は、関係のできたある農家から定期的にじゃがいもを譲ってもらうなどして、配給米の不足を補うことを考えた。それによって、彼は随分救われたが、しかし、そのための代償が大き過ぎることに対する愚痴を、日記に記している。彼は、ある日友人から「こんどはおおきな新聞社に高給で入った、母が仰天しています」と言われたというが[11]、西日本新聞社から四〇〇円の月給をもらっていた。ところが、その月給の半分が、一軒の農家に支払う金に消えてしまったのだという。

　米の不足は、相変わらずジャガイモの補給で救われている。そのかわり、私は、配給の煙草も酒もいっさい東生田の百姓に提供し、そのほかになお二百円以上、毎月余分に、その百姓に払っている。先月末昇給して、月給は四百円を越すようになっていたが、それにしても、そのうちの半分を一軒の百姓にごっそり持っていかれるというのは、これは苦しいことであった。〔中略〕結局、戦争中だというのに、一銭のたくわえもできない有様であった。思いがけなかった四百円の賞与も、こんなことで、みんな、食料のほうへ吸い取られてしまった[12]。

あれこれと考えた末に、結局、田舎に疎開することを決断する有産者も多かった。広島で新聞記者として取材活動をしていた大佐古一郎は、昭和二〇年二月の日記に「『売り家』とか『たんす、ピアノ、骨董や家具を安く譲る』という新聞広告が多くなった」と記したが[13]、有産者にとっては、やはり田舎への疎開が非常に魅力的な選択肢であったことは間違いない。しかし、仮に疎開を希望したとしても直ちに行動に移れるわけではなく、田舎に縁故や伝手がなければ疎開することは難しい。夏目漱石の弟子で小説家の森田草平も、疎開先を探すのに苦労した人間の一人である。森田は、自宅に病気の息子をかかえていたこともあり、昭和一九年三月の日記に「おれ達に疎開なぞ到底出来ぬ事也。ナニ東京に飛行機は来ない[14]」と書いていた。しかし、彼は気が変わったのか翌月には疎開先探しを始め、方々を見て回ったもののなかなか適当な場所を見つけることはできなかった。六月に、候補地と思われたある家を見た時の感想を、彼は日記にこう書いている。

> その家を見る。崩れかけた土蔵の廂にて、軒傾き、壁もなく、破れた板囲い、窓もなく畳もなし。牛馬ではあるまいし、あん所〔ママ〕に住めるものでない、田舎者は都会人を敗残者の如く見做しているのに驚かれた(15)。

森田はまた、疎開について相談した東大史料編纂所の高柳光寿から、田舎では疎開して来ようとする都会人を拒むのが普通だ、との話を聞かされる。昭和二〇年三月の森田の日記によれば、

> 高柳氏いわく、伊奈〔那〕には疎開者が多く入込んでいるが、縁故疎開者は寂々寥々としてその数極めて少ない。そしてそういう疎開者には米の配給はあるが、野菜の配給はない。だから、行ってもダメである。では、集団的な強制疎開者は何うかと云うと、町村役場では決してこれを個人の家に収容しない。都会人を入れると、農地の美風を乱すとか、都会人が買占めて、土地の者が買いに行ってももうないなぞと理窟を云って――その実、土地の者は持っているから決して買いに行かない。だから、店の者は土地の者に割当てられた分をも都会人に売って了うのだと。兎に角、どこの家でも二階はガラ明きで、大きな家に三、四人しか住んでいない。それでも決して貸そうとは云わない。都会人を拒むのが普通だと。さもありなむ(16)。

結局、森田家が信州飯田に疎開することができたのは、昭和二〇年五月のことであった。そして、現実問題として、田舎に行ったからといって、有産者たちの苦難が軽減するというわけではなかった。洋の東西や今昔を問わず、世間の風はいつも冷たいものである。疎開によって、有産者の苦難はむしろ増大する場合の方が多かった。

まず、何よりも、彼等は人間関係に苦しめられた。その苦痛は、どのような家族がどのような親戚や縁故を頼って、どのような場所に疎開するかなどによって千差万別であったろうが、疎開人が疎開先に厄介をかけるという点では、変わりはない。一色次郎が昭和一九年一二月の日記に書いているように、「縁故疎開といったって、なかな

か、手軽に行けるものではあるまい。たとえ、親の家へ帰るにしても、いろいろと、問題があるだろう。出張先から自宅へもどるようなわけにいくものではあるまい。戦争だからといって、人間の日常的な問題が、あれもこれも、みんな、霧のように消えてしまうわけではないのである」(17)。

また、神奈川県愛甲郡に住み、自身の周りの部落の人々と疎開者との間に立って苦労した農民作家の和田伝によれば、疎開者は「率直に言えばなすところなく食っているだけであって、生産は勿論、部落の義務というものは何も果さないし、また果すてだてもないというありさまである。それを、暗いから暗いまで泥まみれになって働いている農家の婦人とくらべるとまったく別世界だ。しかもそういう人々が、同じ屋根の下、または同じ屋敷のうち、同じ部落に住まっているのであるから、面白いことにはならない」。和田にとって最も大きな悩みの種となったのは、都会から田舎へ疎開した人々が、配給の公正や平等ということについて非常に口やかましかったことである。和田は、こう述べている。「配給について、都会からの人々のよくない傾向は、誰かが中途でごまかしはしないか、自分たちはごまかされていはしないか、という疑いを絶えずもっているらしいことである。それで、組長たちを困らせている」(18)。

さらに、疎開による人間関係の相克に苦しめられた結果、「戦争が私にもたらしたもの、それは身内の相克である」と言い切る主婦もいた。この女性は、空襲で家を焼かれたため一人息子を連れて夫婦で夫の実家に疎開したが、疎開先では、すでに六畳二間の家に夫の両親、妹四人、弟二人の合計八人が住んでいた。「引っ越した最初の日、妹が私を見た目は忘れられない。邪魔ものを見る目であった」という。夫の両親も、一歳の初孫に知らん顔をした。この女性は、「戦災を受けなかったら、同居しなかったら、[夫の家族の]本音の中身までのぞかずにすんだのに」と嘆く(19)。

一方、作家の太宰治は、東京三鷹の家を爆弾で壊されたため、昭和二〇年四月に甲府の妻の実家に一家で疎開した。戦後発表した文章のなかで、太宰は、疎開生活がいかに人間関係に気を使うものであるかについて記し、「私たちは既に『自分の家』を喪失している家族である。何かと勝手の違う事が多かった。自分もいままで人並に、生活の苦労はして来たつもりであるが、小さい子供ふたりを連れて、いかに妻の里という身近かな親戚とは言え、ひとの家に寄宿するという事になればまた、これまで経験した事の無かったような、いろいろの特殊な苦労も味った」[20]と書いている。そして、「いやな正面衝突など無かったが、しかし、私たちには『家を喪った』者のヒガミもあるのか、やっぱり何か、薄氷を踏んで歩いているような気遣いがあった。結局、里のほうにしても、また私たちにしても、どうもこの疎開という事は、双方で痩せるくらいに気骨の折れるものだという事に帰着するようである」と結論づける。さらに、家族とともに東京に残留していた親しい友人には、こう書き送った。「疎開は、するな。家がまる焼けになる迄は、東京にねばっているほうがよい」[21]。

また、田舎に疎開した者は、その身分の上下を問わず、疎開地の者と同様に何から何まで自らの手で行わなければならなかった。そのことは、特に、それまで女中やお手伝いさんを使ってきた上流家庭の主婦にとっては、大変な事だったに違いない。鳥尾小弥太の孫の鳥尾敬光子爵の夫人で、戦後ＧＨＱ民政局次長のケーディス大佐と関係を噂されることになる鳥尾鶴代も、戦時中軽井沢に疎開して苦労した人間の一人であった。彼女は、「疎開していた時、私だって真黒になって、お芋をかついだり、買出しをしたのよ。それはほかの女の人とちっとも変わらなかった」と述べている。この子爵夫人は、この時から、料理や育児から社会的活動まで、あらゆることを自分自身の手でやってのける新しい女性に生まれ変わったのだという[22]。

疎開した者が自らの手でやらなければならなかった仕事は、いうまでもなく、自身の生計や生活を支えて行くことだけではなかった。田舎へ行っても、町内会部落会や隣組の仕事が追いかけてくることは、都会に居た時と少しも変わらなかった。そして、それを地元の人並みに問題無くこなすことができなければ、たちまち田舎の人々の噂や批判の対象となった。中国新聞記者であった大佐古一郎は、広島の田舎に疎開して来たある婦人に対する地元の農家の次のような不平不満が、新聞の投書欄に載ったことを記している。

近所へ東京から若い奥さんが疎開してきた。ご主人はあちらに居残って働いている。隣保班では同情して親身に世話したが、それでも台所道具ほか食料品を近所で借り回る。女も子供も必死に働いているのに、勤労奉仕には「金ですむことなら……」といって出てこない。みんなの足並みを乱す〝疎開後家〟とはこのような人を指すのだろう(23)。

昭和二〇年四月に東京の練馬から田舎へ疎開した作家の平林たい子も、疎開先で苦労した人間の一人であった。彼女の疎開先は、生家がありまた母親が住んでいた長野県の諏訪であった。彼女は、昭和二〇年七月、がんを病み医者にも見放されてすでに死を覚悟した七〇歳の老母にまで、国民義勇隊の動員がかけられたことを知って驚愕する。そこで、仕方無しに母親の身代わりとなって、彼女自身が小雨のなか朝三時過ぎに集合場所に向かった。彼女は、夜明け前から始まった人々の行進の様子について、「自分のそばをとぼとぼと歩む老婆もある。こんな老人まで追出す悪平等は、この地方特有のいやな合理主義の現れである」と、日記に記した(24)。

しかし、疎開にはそうした筆舌に尽くし難い多くの苦労が伴ったが、それでも多くの都会人たちが、思案した挙句に疎開に踏み切った。近衛内閣の書記官長や司法相をつとめた政治家風見章の日記には、長野へ疎開したある有産者の哀れな姿が記されている。

近頃、軽井沢へ行つた牛場友彦君の話によると、同地住居の尾崎行雄君の老娘は、たべもの入手困難から、つひに気が狂つてしまつたさうだ。乞丐の如く、家々をたべもの貰ひにさまよひあるき、それを土地の人々が、馬鹿にしたり、からかつたりする有様は、眼を蔽はずにはゐられぬと、牛場君は述懐してゐた。また、同地滞住の川崎財閥の当主は、毎日自分でリユクサツクを背負つて、たべものの買ひ出しに出かけて行くが、何分、土地の農民達も、紙幣では売らなくなつてしまつたので、欲しいものを手に入れようとすれば、いやでも応でも、物を引きかへに差し出さねばならず、しかも相手は何が欲しいとはいつて呉れず、紙幣ではお断りだといふだけなので、結局、衣類とか下衣類とか又は取つて置きのスウエーターまで持ち出して、値不相応のものでも、これを提供しなければならぬところから、すでに提供物に事欠き出したと、こぼしてゐるさうだ。(25)

疎開が始まる前までは、日本では人々の動きは、常に農村から都会へという方向で流れていた。第一次大戦後の経済発展も、多数の青少年たちを農村から都市へと流出させた。工業化や都市化の波を受けて、都市は飛躍的に発展して行ったが、それに比べて農村の歩みは依然として遅く、結局、両者の生活面あるいは文化面での格差は拡大した。そして、近代化に取り残され貧しいままであった農村には、都市生活への強い憧憬があったと同時に、羨望や嫉妬、さらに農村は都市に搾取されているといった反都市感情が生まれていた。こうした背景のなかで、都会人を迎える田舎の人々の眼は、都会人たちの甘い希望や期待に反して、警戒心に満ちかつ冷たかった。東京大空襲で被災し岩手県の田舎へ疎開したある女性が、土地の人々にとって「見慣れない顔」だという理由で冷たくあしらわれたという事実も、都会から来たよそ者に対するそうした田舎の人々の感情の表れであったのであろう。この女性は、東京で「地獄のような空襲を経験したので、田舎の静けさにほっとした」が、たちまち「すぐ違った厳しさが待っていた」ことを悟った。なぜなら、ある日「おからが買えると聞き、早朝から並んだ。やっと順番が来たので、器を出すと『見慣れない顔だね。うちは土地の人が優先なんだ』と迷惑そうに、半分くらいを投げるように渡された」からである。(26)

また、そもそも疎開者は、食糧の不足分は、それを全て購入に頼らざるを得なかった。その疎開者の消費行動は、本来自給度が高くつましい生活を強いられてきた農村の中では浮き上がって見え、購買力をもつ疎開者の「買い漁り」が周辺の物価をつり上げているとして反感を買った。そして、疎開者の一挙一動が常に田舎の人々の注視の的となり、両者の生活様式や物の考え方の違いが絶えずぶつかり合い、相互理解を欠くところに様々な確執が生じた。田舎に疎開した有産者は、当初の期待とは裏腹に、そうした厳しい現実に日々直面しなければならなかったのである。(27)

(1) 井上太郎『旧制高校生の東京敗戦日記』(平凡社、平成一二年) 六七頁。
(2) 一色次郎『日本空襲記』(文和書房、昭和四七年) 二八九〜二九〇頁。
(3) 同右、四一三頁。
(4) 同右、二九〇頁。
(5) 前掲『旧制高校生の東京敗戦日記』六八頁。
(6) 色川大吉『ある昭和史』(中央公論社、平成七年) 一四九頁。
(7) 室伏高信『戦争私書』(中央公論社、平成二年) 二九五〜二九六頁。
(8) 伊藤整『太平洋戦争日記 (二)』(新潮社、昭和五八年) 一二五頁。
(9) 田村恒次郎『辛酸　戦中戦後・京の一庶民の日記』(ミネルヴァ書房、昭和五五年) 六七頁。
(10) 暮しの手帖編集部編『戦争中の暮しの記録』(暮しの手帖社、昭和四四年) 一二六〜一二七頁。
(11) 前掲『日本空襲記』四一六頁。
(12) 同右、五六三頁。
(13) 大佐古一郎『広島昭和二十年』(中央公論社、昭和五六年) 七七頁。
(14) 森田草平『森田草平選集』第五巻 (理論社、昭和三一年) 三〇頁。
(15) 同右、四七頁。
(16) 同右、九一〜九二頁。
(17) 前掲『日本空襲記』七六頁。
(18) 平凡社編集部編『ドキュメント昭和世相史　戦中篇』(平凡社、昭和五〇年) 二七三〜二七六頁。

(19) 朝日新聞テーマ談話室編『戦争2　体験者の貴重な証言』(朝日新聞社、平成二年) 一五九～一六〇頁。
(20) 太宰治『グッド・バイ』(新潮社、平成二〇年) 九頁。
(21) 同右、一一～一二頁。
(22) 鶴見俊輔編著『日本の百年9　廃墟の中から』(筑摩書房、平成二〇年) 三三五頁。
(23) 前掲『広島昭和二十年』四七頁。
(24) 平林たい子『平林たい子全集』第一二巻 (潮出版社、昭和五四年) 一二八～一二九頁。
(25) 北河賢三、望月雅士、鬼嶋淳編『風見章日記・関係資料』(みすず書房、平成二〇年) 四〇九～四一〇頁。
(26) 朝日新聞社編『戦場体験　「声」が語り継ぐ昭和』(平成一七年) 七七頁。
(27) 板垣邦子「決戦下国民生活の変容」(山室建徳編『日本の時代史25　大日本帝国の崩壊』吉川弘文館、平成一六年) 一九七頁、板垣邦子『日米決戦下の格差と平等』(吉川弘文館、平成二〇年) 一三七頁。

第四章　左翼化する右翼

清沢洌は、戦時体制下の日本で進行していた現象について、最も明瞭な見解を示していた人物の一人であった。長野県南安曇郡出身だった清沢は、東京と故郷の信州の間を行き来しながら、供木、国民健康保険組合、金属回収、レコード回収といった各種の運動を展開していた郷里の翼賛壮年団の動きを注視していた。翼壮は、彼によれば「右翼化した左翼」であり、翼壮運動は、当時の社会にみなぎる「革命的気運」の先端的表れであった。そして、彼は「社会の根底に赤化的流れが動いていること」を敏感に感じ取り、戦争の深化が「革命」をもたらすことを懸念していた。もともと総力戦は、大衆の参加や協力なしには遂行できず、戦争により生活に対する圧迫を被るのもまた大衆であった。そうした大衆の不平不満のはけ口が、有産者に対して向けられた。人々は、有産者や指導者層に対して率先垂範による生活の切り下げを迫り、「金とひま」を持つ者から、「供出」や「回収」に乗じてその所有物を取り上げようとした。こうした大衆の有産者に対する反感や嫉妬や憎しみを背に受けて、戦時生活の徹底という錦の御旗を掲げその運動の先頭に立ったのが、翼賛壮年団である。

そして、総力戦体制は、生活も食糧も物資も全てを切り下げる耐乏生活を大衆に強制せざるを得ず、持てる人々からは強制的に削り取ることによって、耐乏生活を強いられている大衆を納得させなければならなかったから、有産者から奪い取るという意味での「平等」や「公平」、すなわち平準化は、戦争を遂行する国の意向にも添うものであり、そこにこそ、平等の実現を強く求める一般大衆の総意があった。結局、翼壮の先走った有産者攻撃がくじかれた後も、国民生活の平準化は、緩むことなく進行することになる。有産者からダイヤや白金、銀を取り上げた各種の供出や回収も、料理店での宴会禁止も、畜犬献納も、また外で働く必要のなかった有産者を動員する国民皆働も、徹底的に行われていった。そして、それは、のちに占領軍を背後にしたいわゆる戦後「改革」によって、例えば地主から小作地を取り上げた農地改革という形によって、総仕上げが行われることとなるのである。(1)

翼賛壮年団は、もともと大政翼賛会が「高度の政治性」を持たないまま結成されたことに反発した、急進的な先鋭分子によって結成された。翼壮は、初期には行政当局や翼賛会とも足並みを揃えていたものの、その後次第に急進化し独走するようになった。「村の有力者や指導層」、「余裕のある階級」、「有産階級」は、国策遂行のため従来の「自由主義」や「個人主義」から覚醒し、率先垂範することを強く要請されているにもかかわらず、時局に対するその理解が不足していると攻撃されたが、その攻撃の先頭に立ったのが、翼賛壮年団である。清沢洌は、翼壮のことを「右翼化した左翼」と表現しているが、この二〇余年後、隣国で繰り広げられた文化大革命などに関する知見をもつ今の時代の人々には、「左翼化した右翼」と表現した方がわかりやすいかも知れない。隣国では、政敵の打倒を意図した指導者に煽られた民衆が、高貴な血筋や金や財産や知識や教養のある人々に怒りを爆発させ、残忍な形で彼らを追及して追い詰め、はかり知れない数の死者や自殺者を出した。平等とは要するに嫉妬であり、そう考えれば、世界で最も嫉妬深い国民として知られる中国人が共産主義を受け入れたり、文化大革命によって持てる者を徹底的に追い詰めたりしたことも理解できるが、国民の気分が共産主義に傾いたのは、隣国だけに限らなかった。総力戦体制下の日本でも、規模や犠牲者の数では全く比較にはならないが、似たような現象が見られたのである。

長野県では、すでに昭和一七年に、国民健康保険組合設立をめぐって、これを強行しようとする翼壮と抵抗する「有産階級」との対立という構図が見られたという。そして、長野県のある新聞は、「小県郡内には健保未組織の町村が十三ヶ町村もあり……暗礁となつてゐるのは頑迷な有産階級で、かれ等は分担金と一ヶ年の医薬料とを算盤はじき加入を肯じない傾向にあるので」、郡翼壮は「膝詰談判で加入誓約書をとり」「年末までに所期の目的達成を目指して猛運動を展開することとなつた」と報じた。その後、一か月半後には、郡内三三町村のうち一村も洩れずに、組合設立が達成されたという。また、上田市でも、「負担金が市民税を基準とする結果、水準以下の市民の医療費まで負担することになるといふ点」から、「持てる階級が加入を忌避する傾向が強く」、翼壮幹部が直接訪問して諒解を求めることになった、という。長野県では、その後も翼壮は、時局即応体制確立の名の下に、各地方指導層（市町村長、市町村議会議員、各種団体幹部）に対し盛んに攻勢圧力をかけ続けた。そして、下高井郡では、「木材供出に当り、村の有力者や指導層中未だ時局認識欠如のため供出を拒み、このため村の割当量供出を阻んでゐるとの事実」が問題とされ、下伊那郡では、造船材供出に非協力的だとされた町村長と翼壮が対立した。翼壮は、国策への一致協力ということを旗印とし、「有産階級」、すなわち有力者による独占の打破や富の均霑を望む一般大衆の急先鋒となって、活躍した(2)。

同じ長野県の南安曇郡に実家があった清沢洌によれば、南安曇郡でも、事情は他の郡や市と同じようなものであったらしい。そして、清沢は、国民健康保険組合設立運動の中心勢力が翼賛壮年団であったことを、的確に認識していた。昭和一八年六月の清沢の日記には、次のような記述が見られる。

信州南安曇郡辺では今春、犬を全部殺しその皮を軍に献納した。医者は皆保険医で、その代価は村役場からとる由。すなわち患者が病気になれば、医者はかれに投薬ないしは注射す。その代価は村役場に請求するが、そこで値段を鑑定し、適当な値段を交附す。したがって医者の請求するだけを払うのではない。そして誰もその保険会員であり、支払いは租税に応じて出すのだ。これらの中心は翼賛壮年団だ。(3)

一方、国民健康保険組合ではないが、国民貯金の強制に脅えたのが、東京に住む永井荷風であった。荷風は、国民健康保険の分担金や木材供出に抵抗しようとした長野の有産者と同様、貯金の強制によって「中産階級の恒産」が「次第に掠奪せらるる」ことを恐れた。そして、彼の対応策はまことに彼らしく、すかさず銀行に行って自らの預金を引き出し、タンス預金として家に隠し持つという行動だった。荷風の日記には、こう書かれている。

〔一八年〕十月初九。昨日午後庭を掃きゐたりしに鉄道駅夫の如き制服の男また一人は安背広きたる男各折革包を引提げ入来りし様子、思ふにこの頃人々の噂する国民貯金の強制勧告と見たれば留守番なりと称して体よく掛合を避けたり。この貯金は所得税一万円に達する者より大畧千円二箇年据置にさせるなりと云。二年過にはまた名目をつけて結局政府に取上るものなるべし。此の如くにして中産階級の恒産は次第に掠奪せらるるなり。銀行預金の引出しも遠からず制限せらるるなるべし。余憂慮措く能はず是日小雨ふりゐたりしが朝の中三菱銀行に至り預金の中より一万二千円を引出し家に隠し置くこととせり。(4)

さて、長野県の翼壮が「行き過ぎ」と批判されるような急進的な運動を展開したのは、昭和一七年夏から一八年春にかけてだったという。(5) 一八年六月と七月の清沢洌の日記には、長野県の翼壮についての次のような記述がある。

昨日、妻と軽井沢に来る。（中略）午后ゴルフを遊ぶ。このゴルフ場を提供せしむる運動、長野県壮年団にあり。労力不足が悩みならずや。この草原をとりて、彼らはいかにして生産せんとするや。売名か、赤化か。(6)
信州の翼壮〔翼賛壮年団〕は軽井沢のゴルフ場閉鎖を主張するのは、近衛〔文麿〕とか後藤〔隆之助〕とかいう連中が、自分でそんなことをしているんでは、増産も何もできぬというにある由。彼らは知識人が休息の要あることを知らぬほど無知であり、また根底に破壊と嫉妬あるを見る。(7)

清沢のいうように、翼壮の人々が、果たして「知識人が休息の要あることを知らぬほど無知」であったかどうかについては、疑問が残る。彼らは、清沢のような有産者や有閑者が「休息」を取ること、そのことを十分に知った上で、なおかつ自らの生活や人生と比較した結果、決してそれを許そうとはしなかった可能性の方が高いのではなかろうか。ともあれ、清沢の周囲では、英米ものの供出や金属回収についても、また翼壮の行き過ぎを批判する声が強かった。一八年六月の清沢の日記によれば、

高田甚市氏〔長野県人〕のところへ壮年団が来て、レコードや本で米英的なものは全部出せといった。さすがに「どれがいけないのか」といって一部を保留した由。銅鉄は、仏壇の灯明まで出した由。土橋〔荘三、松本市の衣料問屋、洌の縁戚〕のところでは五百貫も出したとか。いずれも実話である。老人連中は「行きすぎだ」と批難するが、どうにも仕方がない。青年団の勢力かくの如し。特に信州の青年は、かつて「赤」化しただけに、その行動は徹底的である。知慧がないだけだ。ここから革命までは一歩のみ。(8)

特に金属回収は、翼壮が有産者を痛めつけた代表的な事例であった。長野県では、金属回収は、昭和一六年に始まってその後一七年から一八年にかけて第二次、第三次と繰り返し行われたが、翼賛壮年団がその先頭に立って労力を提供し、婦人会、青年団などと協力して巡回や督励を行ったという。しかし、骨董品などを持っていた者が、美術品であるとか、あるいは由緒ある品であるとかの理由で供出を渋ったり隠匿したりしたため、翼壮に加えて警察署員の応援を求めて順次各戸を歴訪したところもあったという。いうまでもなく、骨董品を所持したり家宝があったりする家とは、有産者層に属する家であった。翼壮の金属回収運動が何を標的としていたかは、自ずと明らかであった。(9)

る。

清沢自身も、長野の実家で、この金属回収運動の災難に見舞われた。彼は、一八年八月の日記にこう書いている。

瞭〔長男、一九八一年死去〕が青木花見〔南安曇郡穂高町の清沢家所在地〕から帰っての話しに、仏様の金物まで全部出した上に、屋根も出せというそうで、セメント瓦発見次第出すのだそうだ。[10]

一方、戦時中は茨城にいた風見章の家には、白金の回収のため、巡査が直接訪ねて来たという。昭和一九年一一月の風見の日記によれば、

玄関のベルが鳴るので出て行つてみると、巡査が立つてゐる。「実は上司の命令でお伺ひしたのですが、すでに御手持の白金は御供出とは思ひますが、もし尚ほお手持があつたら、その上とも御供出を願ひたいと思つてまゐりました」といふ。由来贅沢品は持たぬことにしてゐるので白金製品は無し、その旨答へると帰つて行つた。[11]

兵器資材としての白金は、昭和一九年九月から全国的に回収されるようになったが、軍需省令「白金製品等の譲渡に関する統制に関する件」が公布されてからは、任意供出が強制買上げとなり、白金の所有者が省令に違反した場合、国家総動員法の罰則が適用されて一〇年以上の懲役もしくは五万円以下の罰金に処せられることとなった。この白金回収については、「贅沢禁止」が、その本当の目的であるとの噂が流れた。[12]

また、白金と並んで、ダイヤモンドの買い上げも行われた。昭和一九年八月、『毎日新聞』はダイヤモンド買い上げの様子について、「帝都では十五日朝早くから銀座松屋、日本橋三越、上野松坂屋の三買上所に、お国のためにダイヤを売ろうと待ちかねたモンペ姿の奥さんやゲートル姿の会社員などが行列をつくって順番を待つという盛況」と伝えたが、同時に同新聞は、「遺憾なことには買上所にあらわれたダイヤの大部分は指輪や帯止め、メダルなどの類で、大きさもせいぜい三カラットが最高、小粒のものが多く、しかもいわゆる上流家庭からの売却がほと

んど見当らなかった」と書き、「上流家庭」の人々の非協力を暗に強く批判した[13]。

金属回収は、大阪でも、有産者を痛めつけた。大阪の下町で写真館を営む家で生まれ育った作家の田辺聖子は、その自伝的小説『私の大阪八景』で、大阪の戦時中の風景を鮮やかに描き出しているが、金属回収に見舞われた田辺家の様子を次のように書いている。

町では金属回収が始まって母ちゃんはぶつくさいいながら、町会事務所へ鉄瓶や鉄火鉢を供出している。お寺の鐘やミナミの名物の通天閣もとりはらわれて政府へ献納されたという話で、鉄材は、寸鉄に至るまで兵器に姿をかえるのだ。〈総力をあげて戦争完遂へ〉とかいた大きなビラが町会事務所の壁に下がっている。「ええかげんにしとけ」と、父ちゃんは、あまり母ちゃんがブツブツいうのでうるさくなっていった。「ええかげんにしますよ、アホらしい、こんな鉄瓶の一つや二つ供出したからいうて、なんぼの飛行機がつくれますか。貧乏たらしい話や。日本もオチメや」と母ちゃんは押入れへ入って、憲兵がきいたらタダ事ですみそうもない毒舌を吐いている。あとかたづけをしながら、「なあ……金がないと戦争も出来んでなあ。戦争は金持の道楽仕事みたいなもんやで」とひとりごとをいっている[14]。

有産者が供出させられたのは、金属やダイヤモンドだけではなかった。すなわち、窮迫する食糧事情の中で、愛玩用としての犬を飼うことは遠慮すべきであるという声を受けて、昭和一七年から一八年にかけて畜犬の献納、すなわち屠殺が、翼賛会や翼賛壮年団、警察署を中心に呼びかけられた。これもその標的は、犬税を支払い犬にも食べさせる余裕のあった有産者であった。そして、その後一九年一二月、軍需省が全国の飼い犬の強制的供出を決定した[15]。外務省出身の大衆作家大佛次郎の昭和二〇年二月の日記は、犬の供出に関して、「まるで明治初年」のような話を伝えている。

朝日記者の話。どこか地方（千葉県下）で隣組の中にカンカンの男がいて犬猫を飼っているのは米が余裕があるのだといい、犬猫を抽籤で供出させる。その人の姉の家が籤にあたり山に逃がすことを考えたと、まるで明治初年の話であ

る。民衆は決して愚かでなく、少し上の位置にある生ハンカの奴に馬鹿が多いのである。(16)

金属回収などに情熱を燃やした翼賛壮年団に関して、近衛文麿の秘書だった細川護貞の日記には、京都で翼壮が名所旧跡を破壊していることに、近衛が憤慨したという事実が記されている。歴史的建造物の破壊という点に関しても、隣国の紅衛兵と翼賛壮年団とは、酷似していたらしい。

富田〔健治〕氏の主宰にて、早見君の送別会を開く。高村〔坂彦〕、四元〔義隆〕、佐々〔弘雄〕氏等出席。〔中略〕雑談は多く隣組、翼壮、警防団等の考へ違ひ、行き過ぎ等に関するものなりき。(17)

〔一九年一〇月〕二十八日、桂、修学院両離宮拝観〔中略〕夜、〔篠原英太郎〕市長招宴に無隣庵に行く。過日高山寺にて、翼壮が名所旧跡を破壊することを為し居るを聞き、公初め憤慨したるを以て、市長にも名勝の保護につき語る。(18)

さて、以上述べたように、有産者は、翼賛壮年団や大政翼賛会、あるいは行政当局から様々な局面において激しい攻勢にさらされた。しかし、有産者を攻撃したのは、それらの組織だけではなかった。有産者は、有産者であるという理由で、一般の人々からも冷たい仕打ちを受けた。昭和二〇年五月の風見章の日記は、次のような事例を書き残している。

伝聞によれば、去る二十五日の空襲あつた折、松平伯（?）邸に押しかけた避難民は家令のあいさつ気にいらずと感情を苛だて、よごさぬようにとの注意を受くるや一層いきりたちて屋内に大小便をたれ流して不潔にしたる趣。(19)

また、大変だったのは、有産者の大人たちだけではなかった。有産者の子供たちも、世間から厳しい眼で見られた。昭和二〇年小学校六年生だった鹿児島県のある男性は、勤労動員で開墾現場へ出て行った時のある日の昼食の風景を、次のように回想している。

ある日、H君への制裁が行なわれたのです。昼食の合図を待ちかねたように、みんなは木かげにまるく輪をつくって、いっせいに弁当を開きました。弁当といっても、ふかしたさつまいもに魚の干ものといった殺風景なものでした。担任のY先生も、いつものように、そんな弁当をみんなといっしょに食べていたのでしたが、その日に限って、大きな樫の木の下で、ひとり弁当を開いていたH君に、先生が気がつくまで、そう時間はかからなかったようです。急に顔をこわばらせた先生は、怒りにふるえる声でH君の名を呼びました。みんなは、はじかれたようにH君のほうを振りむきました。反射的にH君は弁当のフタを閉じました。先生はいきなりH君の頬を殴りました。ピシッ、ピシッという激しく肉を搏つ音が、木立ちの中に異様にひびきました。先生の余りの剣幕に、私たちは息をのんで、呆然とみているだけでした。H君の弁当には、白い米の飯が入っていたのです。弁当の底の部分三分の二くらいにご飯を入れ、その上に小さく割ったさつまいもが並べられていて、ちょっと見ただけでは、さつまいもだけの弁当のようでした。そんな「擬装工作」が先生を激怒させたのです。この場合、非はH君にあったといえるかもわかりません。経済的に恵まれた家に育ったH君は、世間によくあるように、精神的に優柔で、その肉体も虚弱でした。擬装した弁当を持ってゆくことを、ハッキリ拒否できなかったH君に、そんな気の弱い一面をみる思いをしました。[20]

Hという生徒の親にしてみれば、「満足に運動もできないひ弱な体」だった我が子が、開墾という、小学生の作業能力の限界を超える重労働に耐えられるのかを心配した親心だったのであろうが、それが裏目に出てしまい、「非はH君にあった」と当然のように断定されてしまった。他人の食べる弁当の中身がひどく気になり、皆が平等にさつまいもを食べているなかで、一人でも白いご飯を食べている者がいれば皆で一斉に攻撃したくなるという、当時の社会を覆っていた一般的な雰囲気が、子供を相手とする教育現場のなかにも、そのままの形で持ち込まれていたのである。

さらに、有産者の子弟が軍隊に入隊すれば、それはいじめの対象となる場合もあったらしい。清沢洌は、友人で戦後首相となる石橋湛山の娘婿に関する次のような事例を伝えている。

千葉皓君〔石橋湛山の女婿〕総領事として二等兵で入営。早口のため「上等兵殿」という「ドノ」[21]が明瞭でなかったので、大分いじめられた由。おそらくなぐられたのであろう。総領事が無知の上等兵に殴打さるるのだ。

有産者や有力者が、非常時にもかかわらず国策に協力しないと世論から一方的に断罪され、これに代わって、一般大衆の急先鋒として翼賛壮年団や翼賛会などの役職者が活躍するようになれば、これまでのいわゆる有力者を中心としてきた地域社会も、必然的に変化を余儀なくされる。細川護貞は、友人で内務官僚の高村坂彦が、昭和一九年四月「今日我国には三つの階級あり」と言ったことを、日記に記している。その三つの階級とは、一つは「知識階級」、二つ目は「所謂大衆」であるが、三つ目は「町会長、警防団長程度のからうじて新聞を読み得る階級にして、彼等は新聞の知識のみを以て、上流階級が戦争に協力せざることを憤慨し、政府が一度号令せば、国民のすべてが蹶起すべきを信じ居る者にて、最も張り切つたる者」であった[22]。戦時体制の下では、高村のいうこの三つ目の階級、すなわち翼賛会や翼賛壮年団、町内会、隣組、警防団などの役職者や幹部が、地域社会で猛威をふるうこととなる。

そして、隣組の防空訓練に病弱のため参加しなかった主婦を隣組の幹部がその家まで行って非国民とののしったり、灯下管制下に電光がもれている家があると怒声を張り上げて注意したりする場面が、よく見られるようになった[23]。広島県のある町では、夜一〇時以降消灯しなかった家庭は、隣組長がその家の電球を没収することを常会で申し合わせることさえあったという[24]。

また、当時少年時代を送り、戦後警視庁警備課長や防衛施設庁長官などをつとめることになる佐々淳行の家も、灯火管制訓練の時よく怒鳴られた家であった。佐々の父親は、近衛文麿のブレーンの一人として知られた佐々弘雄で、いわゆる九大事件で九州帝国大学教授のポストを追われたものの、その後朝日新聞の論説委員になっていたため、それなりに裕福な生活をしていた。この家も、灯火管制訓練の際、明かりのもれている家を一軒一軒まわって「非国民！　明かりをすぐ消せ！」などとメガフォンで怒鳴りまくっていた地元の商店主である防空団長から、よく怒鳴られた。

ところが、普段やたらに威張りちらしていたこの防空団長が、実際に空襲が始まると、「顔色を変えて周章狼狽。附近を逃げまどう老幼婦女子を突きとばして、家財道具を一山かついでは、断りもいわずにうちの庭をつき切って、茶の生け垣をバリバリふみ破り、近くの麦畑に置きに行き、またかけ戻っては家財を運ぶという醜態を演じた」。そこで怒った佐々少年は、防空団長の目の前に立ちふさがり、父祖伝来の銘刀の脇差を抜いてきっさきを鼻先に突きつけ、「貴様、防空団長だろう。防空団長なら持場に戻って指揮を執れッ」と一喝した。空襲の際この防空団長に代わって実際に防空の指揮を執ったのが、「学究肌の蒼白きインテリ」と思われていた父親であったことが、佐々少年を驚かせた(25)。

佐々淳行の家の場合は、もって生まれたその個人的な力量のおかげで、防空団長や近所の人々からひどい目にあわされることはなかったが、誰もがそのような人間的力量に恵まれていたわけではなかった。昭和一七年の話になるが、当時東京に住んでいたある女性は、町内の防空演習に名を借りて散々な目にあわされた牛込区にあったある民家の話を伝えている。この女性は、在郷軍人や町内の役員によって指揮された防空演習の行列に参加し、その民家に対するむごい仕打ちに加担してしまった人物である。彼女は、その時の様子を次のように回想している。


ある日曜日、町内の防空演習で一戸から一名ずつ、バケツや火たたきやはしごを持って集まった。その日は在郷軍人の号令で数十人の行列が歩き出した。西大久保、東大久保を過ぎ牛込区へ入って行った。炎天下、綿入れの防空ずきんやモンペに身を包んでの行進は、ぶっ倒れそうになるほど苦しかった。なぜこんなに歩かされて他区へまで、という疑問は在郷軍人や町内の役員たちの叱咤で封じられてしまった。行列はある民家の前で止まり、こじあけた裏木戸から押し込まれるように庭に入れられた。花壇に夏の花が咲き競っていた。二階の手すりに布団が二枚干されてあった。「きょうは実際に水を使って消火訓練をする。焼い弾でこの家が燃えている。目標は二階の手すりの布団。かかれーっ」池の水をくみあげたバケツを持たされた。廊下も窓も開け放され、家人が屋内にいるはずだ。一同顔を見合わせてためらった。「ここの主人は外交官ですって」「町内にも隣組にも協力しないんですって」「非国民なんですって」「そうだ、非国民だ」。口から口にささやかれた。女たちは池の水をくんでバケツリレーをし、男たちは軒へはしごをかけて二階の座敷に水をぶちまけた。家人がこの家のどこでどんな思いをしているのか、と思いやりながらも、群衆はろうぜきの限りをつくし、池の水がなくなるまで続けられた。在郷軍人の「よくできました」のおほめの言葉で訓練は終わった。びしょぬれの座敷と布団。踏みしだかれた花壇と植え木。泥まみれの芝生と池の中でもがく金魚を残し、興奮と呵責で押し黙って重い足を引きずって引き揚げた。あの家では終始チラと動く人影もなかった。(26)

一方、清沢洌は、これまでの有力者に代わって、新たに配給や防空などの日常生活を律するようになった近所の役職者の様子について、昭和一九年三月の日記のなかで次のように記している。

先頃、避難荷物の検査があった。その検査官は、出入りの大工梅村であった。我らの隣組長を従えて、挙手の礼をして「よくできました」と賛めて行ったそうだ。ワイフは「今までは、勝手口から出入りするのにも遠慮しましたのにね」という。ここに問題は二つある。一つは大震災の時もそうであったが、今、秩序維持の責任が、大工や植木屋、魚屋等に帰したことだ。彼らはちょうどいい知識と行動主義の所有者である。第二は自己の持物をも、警察の代表者等によって検査するという干渉主義の現れだ。新聞には疎開の荷物の中にカンカラ帽があったとか、ピアノがあったとかと、そんなことばかり書いてある。荷物の分量を決めて、何が大切であるかはその人の裁量に委せればいいではないか。その人によって「最も大切なもの」の観念が異うのだ。(27)

東京だけではなく、他の地域でも、様子は似たようなものだった。横浜に住んでいた大佛次郎は、昭和一九年九月の自身の日記に、最近は昔と違い「変な顔役」が出現するようになった、との感慨を書き残している。日記によれば、

出井へ出入りする翼賛会の何とかかと云う男、隊に連絡を取るとか何とか云いて酒ミリンなどかすめ行き最後には女たち

に怪しげなる挙動に出づ。変な顔役が出現せしもの也。品物が先方へとどいているかどうかも如何わしいと云う。[28]田辺聖子が住んでいた大阪の下町でも、戦時体制の下で、町内の配給の世話役が急に威張りだした。田辺は、その世話役の様子と、配給の手加減を恐れて役職者に気を使うようになった人々の姿を、その自伝的小説のなかで生き生きと描いている。

町内の配給物資の世話をしているのは、もと「菊水青少年練成道場」という看板をかけて柔剣道や合気道を教えていた先生である。道場内に楠木正成公の絵がかかっていたので、町内では菊水先生で通っていた。四十五、六で、濃いチョビひげをつけたいかめしい顔立の男である。ジャガ芋や石鹸や鍋にいたるまで日用物資はすべて政府から配給されるのであるが、まるで菊水先生は自分が配給するようにどなりちらして、「今日はサツマ芋の特配である。大み心のかたじけなさを感謝し奉って受け取ってもらいたい！」と号令をかけ慣れた大声でどなり、町会の人々は恐れ入ってサツマ芋を金を出して配給してもらい、ひそひそ声で、「今日の大み心は痩せてかたいな」などといい合っていたものである。あまり菊水先生の声が大きいので、人々はたえずビクビクして、（それというのも機嫌をそこねて配給物を手加減されてはかなわないので）先生が、カーッと痰を吐く音にまで気をつかって、びっくりしていたものである。近隣の青少年は、菊水道場へ通っていたものも多く、菊水先生のけいこがきびしいというので、それが却って尊敬のまとであったのである。[29]

この「菊水先生」がいつのまにかチョビひげを剃りおとし、急に腰が低くなって、「今日は進駐さんの鮭缶だす。あっちのもんはやっぱり味が脂こうてよろしおますな」などと言うようになるのは、敗戦直後のことである。

（1）板垣邦子『日米決戦下の格差と平等』（吉川弘文館、平成二〇年）一六一～一六三頁。
（2）板垣邦子「決戦下国民生活の変容」（山室建徳編『日本の時代史25　大日本帝国の崩壊』吉川弘文館、平成一六年）一八三～一八四頁。
（3）清沢洌『暗黒日記』（岩波書店、平成一二年）四七～四八頁。
（4）永井壮吉『荷風全集』第二五巻（岩波書店、平成六年）一五八頁。

(5) 前掲『日米決戦下の格差と平等』一四三、一五三頁。
(6) 前掲『暗黒日記』五〇頁。
(7) 同右、五九頁。
(8) 同右、四八頁。
(9) 前掲『日米決戦下の格差と平等』一四七〜一四九頁。
(10) 前掲『暗黒日記』七八頁。
(11) 北河賢三、望月雅士、鬼嶋淳編『風見章日記・関係資料』(みすず書房、平成二〇年)二六二頁。
(12) 西井一夫編『昭和史全記録』(毎日新聞社、平成元年)三〇一頁。
(13) 内川芳美、松尾尊兊監修『昭和ニュース事典』第八巻(毎日コミュニケーションズ、平成六年)五七〇〜五七一頁。
(14) 田辺聖子『私の大阪八景』(岩波書店、平成一二年)七三頁。
(15) 前掲『日米決戦下の格差と平等』一五二頁。
(16) 大佛次郎『敗戦日記』(草思社、平成七年)一四五〜一四六頁。
(17) 細川護貞『細川日記』上巻(中央公論社、昭和五四年)七〇〜七一頁。
(18) 細川護貞『細川日記』下巻(中央公論社、昭和五四年)四一〜四二頁。
(19) 前掲『風見章日記・関係資料』三四一頁。
(20) 暮しの手帖編集部編『戦争中の暮しの記録』(暮しの手帖社、昭和四四年)一三一〜一三二頁。
(21) 前掲『暗黒日記』一九二頁。
(22) 前掲『細川日記』上巻、一八五頁。
(23) 吉村昭『東京の戦争』(筑摩書房、平成一八年)九九頁。
(24) 大佐古一郎『広島昭和二十年』(中央公論社、昭和五六年)八八頁)。
(25) 佐々淳行『戦時少年　佐々淳行』(文芸春秋、平成一五年)二四六〜二五一頁。
(26) 朝日新聞テーマ談話室編『戦争2　体験者の貴重な証言』(朝日新聞社、平成二年)一九〜二〇頁。
(27) 前掲『暗黒日記』一六〇〜一六一頁。
(28) 前掲『敗戦日記』一九頁。
(29) 前掲『私の大阪八景』二一六〜二一七頁。

第五章　主張する女中たち

戦時体制以前の日本人は、皆がそれぞれの「分際」のなかで生きていた。そして、上位者からは、たとえば「職工風情が」、「小作人の分際で」、「田舎者が」といった言葉が発せられ、一方、下位者の側も自らの「分」を守る、あるいは身の程をわきまえるという秩序意識をもっていた。ところが、国民一人一人の総力を結集しなければならない総力戦体制の下では、そうした秩序や格差は国策遂行の妨げとなり、さまざまな場面で平準化が求められた[1]。平準化ないし平等化が進む以前の時代、人々は自らの「分際」やお互いの身分を隔てる壁を自明なものであると考えていた。それはあまりにも自然なものであったため、人々はそれをおかしいと思うどころか、意識することすらなかった。ところが、平等化が進むと、それまで自然なものに見えていた権威や秩序は、自然なものとは思えなくなる。かつて不平等や秩序や格差が自然であった時には、人間の平等を正当化するために特別の理由づけが必要であったが、平等が自然であったり要求されたりする時代になると、今度は不平等を正当化するために特別な理由が必要となる。そして、これまでそれぞれの「分際」や不平等のなかでごく自然に生きてきた人々は、自分はなぜあの人と平等ではないのか、との問いを発しないではいられない[2]。

こうして、これまでいってみれば物言わず従順であった「女中」や「労働者」、「人夫」、「農民」といった下積みの人々が、自分よりも上位にある者に対して自らの立場や意見、そして権利を堂々と主張するようになった。清洌の日記には、そここで自己主張を始めるようになったそうした人々の種々相が書き留められている。清沢は、これらの人々の待遇の改善が必要なことは認めていた。しかし、彼自身は、有産者の一知識人として、これまで有産者によって築き上げられてきた文化が、これらのいってみれば「無知」な人々によって容赦なく否定され、破壊されることを恐れた。彼は、進行する下剋上現象、あるいは大衆社会化のなかでの文化的破壊をいち早く看取し、危惧していた(3)。

まず、新たに主張するようになった人々の代表は、女中である。大正四年東京に生まれた編集者でコラムニストとしても知られた山本夏彦によれば、女中はもとは桂庵から来たという。桂庵とは、奉公人の周旋をして口銭をとる商売であり、桂庵に頼むと飯たきや女中、仲働きなどを店の者が連れてきたのだという。そして、目見得といって、何日か働いて気に入れば雇うし、気に入らなければ桂庵に帰した。一方、女中の方も、主家の行儀が気に入らなければ（たとえば主人の女癖が悪かったりすれば）、何かと口実を設けて桂庵に帰ることができた。桂庵は雇人の保証人も兼ねたが、何よりも奉公人の周旋屋であり、なかには妾専門の桂庵も存在したという。その後、昭和九年頃になると、女中は桂庵ではなく職業紹介所から来るようになった。理由は、営利を目的とする周旋業が禁じられるようになったからである。そして、職業紹介所から来た女中は、往復葉書に似たものを持参して、雇ったあるいは雇わないという個所に印をつけて返すようになったという(4)。

大正一四年（一九二五年）に生まれ昭和という時代と重なった人生を生きた歴史学者の色川大吉によれば、戦前は「中流以上の家庭では女中を一人か二人傭うのが普通であった」。そして、昭和の初め頃には、今の形とほとんど同様の電気掃除機や電気洗濯機、電気自動湯沸器などがすでに作られていて、一部の富裕層の家庭には備えられていたが、それが広く普及しなかった理由は、人間の労働力すなわち女中の賃金が安くて家事労働を合理化する意欲が高まらなかったからだという。当時大学出のサラリーマンの月給は七〇円から八〇円であったが、電気洗濯機の値段は最低でも一七〇円、自動湯沸器や真空掃除機は高い物では四〇〇円から五〇〇円もしていた(5)。

もっとも、色川は戦後的な観点から女中を労働力として捉えているが、もともと女中は、その面からだけでは理解できない存在であった。すなわち、本間千枝子によれば、女中とは「封建社会の名残りとしての身分制度の一端」であり、その待遇は「千差万別、雇い主の財力よりは人間観が支配した世界」であった。そして、「雇用関係の成立する現代的職業」としての戦後の「家事手伝い」とは、根本的に異なった。本間は、「戦前の昭和、東京には家庭の中の働き手として地方から上京してくる少女たちが少なくなかった。私の家にもそうした少女たちがいた時代が長く、私は幼時から彼女たちのひとかたならぬ世話になって成長したのだった」と述べて、女中が労働力というよりも、むしろ家族の一員だったことを強調している(6)。本間は、戦前の女中についてこう回想している。

戦前の東京へ、かすかなつてをたよりに女中さんとして上京してくる少女たちは、私の理解していた範囲では困窮家庭の出身者たちではなかった。困窮家庭にはもっと切迫した事情があった筈で、戦前の東京にはさしあたってお金を稼がねばならぬ少女たちの行くところはもっと他にあったと聞く。〔中略〕少女たちの多くは、今はもう日本の教育制度から消え去ってしまった小学校高等科の卒業生たちであった。東京の家庭へ行儀見習いのために二、三年奉公し、裁縫とか料理、家庭運営の術を身につけることが、彼女たちのさしあたっての目的であった。当時の日本では、とくに地方では、女学校へ進むことは少女の能力ではなく、家の財力を物語るものであった。したがって彼女たちの中には、いったん東京の生活に慣れてしまえば、働いている家の妻女よりはよほどテキパキと仕事をこなす優等生もあり、裁縫上手、掃除上手、料理上手など、人それぞれ、やはりさまざまな個性があった(7)。

実際、本間が世話になった女中のなかには、彼女がMと呼ぶ女中のような人がいた。本間の両親はしきりにMのことを褒め、Mが結婚したあとも「あんなに誠意のある娘も珍しいねえ。旦那さま奥さま、お嬢さまのためなら火の中水の中って人だもの。あの娘に世話をされれば誰だって手離せなくなってしまうよ。器量はともかくとして」と、呟いていた。本間は、「東京の中産階級の生活面における意外なつつましさ、文化面における向上意欲、そして下町育ちだった私の養母の、いつも夫をたてる、かゆいところに手の届くような細心の世話のやき方を、何年か一緒に暮らすうちにMはみなわがものとしてしまったのだった」と見ている。一方、Mの方は、結婚後の幸福な生活のなかで、「今ある倖せはご奉公させていただいた時の厳しいお躾の賜物です」という手紙を書いてきた。戦争が激しくなった時、本間の両親は千枝子を東北の小さな町に住んでいたMにあずかってもらうことを真剣に考えたが、結局その話はたち消えとなった。理由は、「あの娘の倖せを壊してはいけないから」ということであった。(8)

さて、女中について、永井荷風は、昭和四年五月の日記に「芸者や女給女中などは文士議員等に比較すれば遥に品格も好く義理人情をも解する」と書いている。(9)特に関東大震災のあと、社会の大衆化が進んでいたとはいえ、まだ女中たちが、以前の時代から引き継いだその生活スタイルや心意気を保っていた頃のことである。荷風が愛した芸者や踊り子、女中たちと対照的に、彼がその品の無さや粗暴さから最も軽蔑し嫌ったのは、大衆社会化の進展という波に乗って我が世の春を迎え、それぞれの仕方で富と名声を獲得して行った大衆作家たちであった。このほぼ同じ時期、のちに大衆社会論の嚆矢と評価されることになる『大衆の反逆』という著書を著したスペインの有名な哲学者オルテガは、人間には、「高貴な生」を生きる人間と「凡俗な生」を生きる人間との二種類があると書いた。(10)このオルテガの言葉を借りていえば、荷風にとっては、芸者や踊り子、女中たちのなかに高貴な人生を歩む者がある一方、大衆作家たちの人生などは凡俗な人生そのものに他ならなかった。荷風は、昭和三年の日記に、次のような文章を書いている。

晩間山形ほてる食堂に往き食事をなしつつ卓上の新聞紙を見る、満紙唯衆議院選挙運動の記事あるのみ、候補者の中には菊池寛妹尾順蔵等の名も見えたり、菊池は通俗小説の作者なる事人の知る所、妹尾は三番町の待合蔦の家の亭主にて江戸家といふ女髪結の情夫なり、かくの如き媒滛を業となす者分を忘れ身を慚ぢず堂々として天下の政治を論ずるに至つては、国家の前途まことに憂ふべきものありといふべし(11)、平生文壇の士とは交遊なきが故に、死後拙劣なる銅像など建てらるるおそれも先は無き事なるべし、此頃或文学者の死したるに、生前その周囲に集りゐたるものども、各おのれが名を売らむがため俄に死者の徳を称揚し、銅像を建立するとやらいふ事なり、予は平生文壇の士を目して人間の屑なりとなせり、予自身の事はここには棚に上げて言はず、世の文学者といふものは下宿屋とカツフエーの外世間を知らず(12)、手紙も書くことを知らず、礼儀を知らず、風流を解せず、薄志弱行、粗放驕慢、まことに人間中の最劣等なるものなり、

荷風の批評は、大衆作家たちのなかでも、とりわけその経営的手腕で文芸春秋社を一大出版社へ育て上げ、大衆作家たちのボス的な存在となった菊池寛に対して厳しい。荷風は菊池のことを「文芸商人(13)」と呼び、次のようなエピソードを伝えている。

昨夜酒館太牙にて聞きたる事をここに追記す、酒館の女給仕人美人投票の催ありて両三日前投票〆切となれり、投票は麦酒一壜を以て一票となしたれば、一票を投ずるに金六拾銭を要するなり、菊池寛某女のために百五拾票を投ぜし故麦酒百五拾壜を購ひ、投票〆切の翌日これを自動車に積み其家に持帰りしと云ふ、是にて田舎者の本性を露したり(14)、

荷風は、さらに菊池と同様大衆作家として文名を馳せた三上於菟吉のエピソードについても記したあと、菊池や三上に代表される大衆作家などに比較すれば、女中などははるかに品格があると書いた。

小説家三上於菟吉先生も昨夜は何とやら云ふ待合にお出でありウイスキイ一罎ほど空にして狂人の如くになり酒席に侍する芸者は誰彼の分ちもなく引とらへ無理やりにウイスキイを飲ませて荒れ狂ひたりと、尚又妓のはなしによれば、三

上先生は五日も十日も流連し気が向く時は茶ぶ台の上にて原稿を書く、一行二十五円になるから安心して居ろと芸者女中等に向ひて豪語する由なり、当世の文士は待合にて女供に向ひ憚る処なく身分職業を打明けるのみならず原稾料の多寡までかくさずに語りて喜ぶものと見えたり、十年前までは斯の如きことは決して無し、予の三田に関係せし頃には折々その当時新進の文士等と共に酒亭に登りしことありしかど、芸者に向つて原稿料の事を口にするが如きものは決して無かりしなり、年々人心の野卑になり行くこと驚くの外はなし、現代の人間の中文士画工及政治家の心中野卑なること最甚しきが如し、芸者や女給女中などは文士議員等に比較すれば遥に品格も好く義理人情をも解するものと謂ふ可し、予は久しく文壇の人と交遊せざるを以てかくまでに文士の一般に堕落せりとは心つかず、独り菊池寛山本有三等をのみ下等なる者と思ひ居たりしが、この夜始て予が見解の謬れるを知りぬ、(15)

ところで、国策遂行の妨げとなる秩序や格差の解消が求められた総力戦体制の下では、さまざまな場面で平等化が進み、女中という「分際」も動揺し消滅に向かって進み始める。かつて、女中たちが自らの「分際」のなかで自然に生きていた時代、彼女たちは旦那やその家族たちとの間に横たわっていたいわば身分を隔てる壁について、疑問に思うことはなかった。そして、フランスの思想家トクヴィルがいうように、互いに相手を自分とは全く別の存在であると考える時、身分の壁によって隔てられた人間の間には、憎悪すらも芽生えない(16)。旦那や彼の家族が女中に対してどれ程過酷な扱いをしたとしても、女中たちにとって、それは天災と似たようなものであった。ところが、身分や「分際」が解消して平等化が進み、両者が相互に接近して相手を同じ人間であるとみなすようになった時、憎悪をはじめとする様々な人間的感情が相手に向かってほとばしる。

また、総力戦体制の下では、金よりも物が、また物よりは労働力が貴重になった。従来女中は家族の一員であり、彼女を使う旦那もまた彼女自身も女中が労働力であるなどという認識は薄かったが、決戦下の貴重な労働力という見方が深まると同時に、女中にいわば労働者意識のようなものが芽生えていった。労働力として捉えた場合、総力戦下で女中の労働がいかに多様で広範囲に及ぶものだったかについては、作家の伊藤整の日記からうかがうことができる。伊藤は、昭和一八年一〇月、菊という女中に関して次のように書いている。

女子供を銃剣術の稽古に引っぱり出すのは行きすぎだ、と新聞の投書にあったが、昨日からまたその呼出しが回覧板であり、仕方なく菊が昨夜岩佐高女の校庭へ七時から九時まで出た。家でもこの頃貞子が元気で働いているからいいものの、菊は朝から糸買い、八百屋の行列、魚屋の行列、昨日は馬鈴薯の買い入れと、牛乳の証明もらいに区役所行などと、ほとんど戸外の仕事に全部の時間を取られる。午後少々の時間に家中で畑をするのだ。時間も身体も余裕がないのだ。防空演習はとにかく、銃剣術だけは、よしんば訓練になるにしても精力と時間の貴重さを知らぬやり方だ。金持の有閑令嬢か有閑夫人のみを選択してやるのなら、意味があるだろうが、私の家では貞子が弱くって菊をおいているのに、その女中は外を歩くのに一杯で、貞子が家中の仕事を一日中やっているぐらい今の東京では女が忙がしいのである。(17)

伊藤は、今の東京では女は忙しいのであると書いたが、山田風太郎によれば、家庭の主婦は、行列に並ぶことだけでも毎日二時間位は時間をつぶされたという。山田は昭和一九年二月、「都民はいま一人一人平均一時間は何かの行列に並びはしないか？　家庭の主婦は二時間くらい配給の行列に時間をつぶされる」と、日記に書いている。(18)実際、主人が会社勤めで子供が学校へ通い、暇のある老人もいない家庭では、行列に並ぶことができるのは、現実問題として主婦か女中以外にはなかった。

また、作家の野坂昭如が書いた自伝的小説によれば、野坂自身と思われる神戸市立中学生徒の主人公には、防空訓練が激しくなり市場での買物が窮屈になるにつれ、「母の立場がどんどん強くなっていくこと」がよくわかったという。そして、野坂は、月収四八〇円というかなり裕福な野坂家において、祖母と嫁である母との間の確執の様相が、戦局の悪化とともに微妙に変化して行ったことを興味深く描いている。すなわち、これまでは祖母が家を取り仕切ってきたのに、生活全般が逼塞し、祖母に手のとどかぬ隣組活動や防空訓練、買い出し、闇の手づる探しなどが女の主な任務になると、口やかましいだけの祖母は身のおき所を失い、嫁に従わざるを得なくなって行った。祖母の受け持ちといえば、「一升瓶に入れた玄米をはたきの柄でつくこと」や「配給米を新聞紙の上にひろげて、ゴミを拾う作業」くらいとなり、防空訓練にもんぺ姿凛々しく出かけたりしても、「お婆ちゃんは、お家にいはったらよろし、お家に焼夷弾落ちてこんか、見張ってらっしゃい」などと言われて、邪魔者扱いされる存在となった。しかも、彼女はこれまで、亡夫が大正初めに五〇〇円で買ってくれたダイヤモンドやプラチナ側の懐中時計を嫁に見せつけ、差をつけていたのだが、それら全てを供出させられてからは、みじめな状態に落ち込んでいった。(19)

さて、伊藤整の家では、昭和一八年の末頃には、女中が次第に貴重な労働力としての自らの存在に目覚め、家族との間にぎくしゃくとした関係が生じるようになった。伊藤の日記によれば、

昨夕方貞子、便所の掃除をちゃんとしないとて菊を叱ったところ、菊が大きな声で泣き出し、こんな家になんかいないと口走ったりして、貞子も興奮していた。困ったことである。午後、菊は礼と口喧嘩していたが、その時から、苛々していたらしい。二三日前に菊が近所の女中たちのことを貞子に喋り、小林家の女中は春頃帰ると言い出したところ、それまで三十円だった給料を四十円にするからとて引きとめられたが、この頃は徴用が来そうでおっかないから（東条首相が女子徴用をせぬと言ったことを知らないのであろう）逃げてでも帰りたいと言っているとか、石川家の女中は、自分の悪口を奥さんがあちこちへ行って喋るから帰りたい、と言っているなどと喋っていたとのこと。そして自分は、帰らない、来年は畑に西瓜を作るなどと言ったりしていたが、やっぱり毎日八百屋や魚屋でその連中と逢って喋っているうちに、女中たちは、主家で自分がいなければ困るのだという気持から増長していて、帰ってやる、とすぐ口にするような気持になるのであろう。(20)

伊藤は、このような話は「この頃の家庭現象の一つだ」と書いているので、同じ時期女中との間の似たような事

件を他にもいくつか見聞きしていたのだろう。こうした事態を受けて、伊藤夫婦の間では、女中を帰そうかどうしようかという話が話題となる。

貞子は、菊がいなくても家の中のことは一人でやれる。ただ寒い日に一時間も二時間も八百屋などで待っているのが困るだけだが、帰るなら帰してしまおうと言う。しかし私は、風邪を引きやすい貞子が冬に向う今になって毎日台所仕事をするのは気になる。それで今朝、食事の時、菊に、近所の女中のお喋りなど聞いて調子に乗るな、とたしなめ、正月には一度帰してやるからと先手を打って言い渡しておいた。正月か二月頃までも置けば、あとは春になるから、何とか貞子も切り抜けて行けるだろう、という考からである。女中の給料三年前頃には五円から七円止りであったが、今は二十円から三十円が相場だ。(21)

伊藤家の女中の労働者としての自覚とその勤務態度は、その後改まるどころかむしろますます加速し、さすがの伊藤も時々は感情を露にすることがあったらしい。伊藤は、日記にこう書いている。

菊朝に自転車で和田本町の大工長谷川のところへ薪を取りに行き、十二時に帰る。初めてのことながら行きは四十分であったという。帰りは薪崩れたとて、二時間かかった由。私は満州から帰ったら、明春からは、自炊するつもりで女中なしでやろうと決心する。金や着物の心配をしながら、よその娘に恩に着せられるような暮しをしているほどいやなことはない。二月末頃までは、何とかして引きとめておかねばならぬが。(22) 菊がこの頃少しも貞子の言うことを聞かないので、叱りつけて、あやまらせる。何となく、そういうこと、とげとげしくていやなことだが、時々は致しかたない。(23)

もちろん、主張するようになった女中の態度の変化に悩むようになった旦那は、伊藤だけではなかった。たとえば、昭和一九年二月の清沢洌の日記によれば、外交官で詩人でもあった柳沢健は、「娘が学校に行くのに、弁当を持たせてやるが、女中がその中から盗んで食うという。いえば出て行かれるし、どうにもならない」と頭を抱え込んでいた[24]。また、清沢は、女中問題で考え込んでいるある男の話を民法学者の穂積重遠から聞いた。その男は、娘の嫁入り先に女中をやったが、娘は女中を帰してしまった。「何故かと聞くと、先頃も入物に砂糖がついていて、それをなめようと楽しんでいると、女中がそれを洗ってしまった。女中などはいない方がいいと」いったという[25]。さらに、作家の野上彌生子も、自身の家に入れ代わり立ち代わり来る女中一人一人の不手際やその態度の悪さに悩んだ人間の一人である。昭和一七年六月彼女が出した結論は、こうである。「全く現在の日本でもっとも無責任でスキ勝手な行動をとってゐるのは家政婦と女中であらう[26]」。

結局、思い切って女中を帰してしまい、生まれて初めて女中無し生活に突入した旦那も多かった。昭和一九年四月の清沢の日記によれば、哲学者の桑木厳翼のところには「女中がおらず、老夫婦だけ」であり、有名なジャーナリストだった長谷川如是閑も、自分でご飯を炊いていたという。そして、如是閑は「同隣組十軒ばかりの家で、女中がいるところは一人もいない」、「七十歳にして始めて米を焚く。昨日は紙で焚いていると、人が来て火が消え、またつけたら、まるで食えないものができた。ただ勉強ができないで困る」と言ったという[27]。また、清沢が同年一一月に民俗学者の柳田国男の家を訪ねたら、女中がいないため「頭布を被って自分で出て来た柳田氏、それから奥さんが自らお茶を運」んで来たという[28]。さらに、大佛次郎が、同じ頃幣原喜重郎元外相の家を訪ねたところ、「ここも女中難にて夫人が玄関に出で来たりし」という[29]。

かつて内閣書記官長や司法大臣をつとめた風見章も、女中無し生活に突入することになった旦那の一人であった。風見は、女中がいなくなってから、生まれて初めて自分で米を炊いた。彼は、昭和一九年一一月の日記にこう書いた。

今日昼、生れて始めて米を炊ぐ。出来栄え上等ならざるも生でなし。自信出来たり。萩谷敬一郎氏への書信のすみに

霜の朝を前の大臣は釜洗ひ手ぶりほこれど妻うけがはず[30]

風見は二、三か月で飯炊きには慣れたようだが、それによって「旦那様の顚落」という現実を痛いほど嚙み締めることとなる。二〇年二月の風見の日記によれば、

昨日けふの分の米をとぐ。今日はあすの分のをとぐ。数日前まではこの米とぎには一度であかぎれが出来たものだが、昨日今日は然らず、気温あがりて水の冷度いくらかでも薄くなれると乾燥度も亦雪のためうすらげるに由ることなるか。この数日来、あかぎれ膏の必要をみとめず。[31]無女中時代とてあかぎれになやまされたる旦那様は到る処にこれあるべし。旦那様と奥様などの顚落も亦甚しといふべし。

そして、風見の場合、本人としては自信が出て来たという飯炊きもそれ程上達したとはいえず、結局のところ、夫人に依存せざるを得なかったようである。

一月ほど前、俺が炊いてやると釜のガスに火をつけたまではよかつたが、その火力の処理がうまく行かず、つひに七分通り焦がしてしまつて大失敗を演じた事がある。そこでけさはガスに火をつけたもののその後の処置が気になり、何度もまだ寝てゐる妻に相談に行く。とうとう妻が起き出して来て火加減を見てくれる。おかげで焦げつかすといふ失敗は繰り返さずに済んだ。[32]

慣れない旦那がその家の家事に努力してみても、所詮その努力の成果は大したことがないとすれば、そのしわ寄せは、必然的に夫人に行かざるを得ない。風見も、夫人の苦労に同情を隠せなかったのであろう。彼は、昭和二〇年六月に「ありし日はゆめなりしかや手拭をかぶりて妻は水仕事する」との歌を詠んだ。そして、その二か月後、それを「もの哀れさきの大臣の老妻も手拭かぶり水仕事する」と訂正した。[33]

女中がいなくなったあと、風見がやらなければならなかった仕事は、もちろん飯炊きだけではなかった。彼は、炊事や掃除、雪かき、風呂焚きの他に、大工や経師屋の代わりもしたと、日記に書いている。

朝めし後よし子と共に、いつもの如くふき掃除を終つてから雪かきをやる。信州生活時代を思ひ出す。そこでは時折、面白半分に雪かきの手伝へをやつたものだ。今は元より面白半分にではない。自分でやるより外にやり手が無いからである。自分でやるといへば今は女中なき生活だから、勝手元の仕事でも風呂焚きでも、掃除から雑巾がけまで何でも彼でも自分でやらねばならぬので、その方の修業も大分積んだ。それればかりではない。家財道具が破損しても買ひ足す途はないし修繕してくれるものもない世の中なので、出来るかぎりは大工の真似、経師屋の真似等々何でも自分でやつてのけねばならぬ。けふは粉炭を火鉢をとるに厚紙片をよし子が用ゐてゐるのを見て、栗用かんがはいつてゐたブリキ缶に細工して粉炭かきをつくつてみた。その出来の無器用なのに自分でもあいそが尽きる程だが、紙片よりは便利なのに骨折つて工夫した甲斐はあつたかと自から慰めてもみた。[34]

こうして、旦那様の一日の生活は、一変した。風見によれば、「曾て女中が三人づつゐた当時の生活にくらぶると、何も彼も変化があり、たれかが旦那さんと奥さんの格はさがつてしまつたといつたが、うまいことをいふものと思ふ。全く格さがりである。どこの家でも、糞尿の始末から自分でせぬことには手はつけられぬ世の中である」。また風見は、朝食を取るとすぐに着替えるようになった、と日記に書いている。その理由は、「人がたづねて来ても、自分で玄関に出て行かねばならぬから」であった。[35]

そもそも平等とは、かつての「旦那様」や「奥様」の存在自体を、許さないということであった。そして、それにもかかわらず、旦那様や奥様たちは、女中無しでもかつての体面を維持しようと懸命になった。しかし、結局いろいろなところに綻びが目立ったことも、止むを得なかった。風見によれば、「女中がゐなくなつてからはや三月あまり。門前は一度も掃除したことが無いのでごみだらけである[36]」。

かつて居た三人もの女中がいなくなったのでは、綻びが、門前の汚れだけで済むわけはない。風見の家では客間も閉めきりで、近隣では二階も時々しか戸を開けない家がめずらしくないと、彼は述べている。

女中がゐなくなり、ふとんのあげおろしも自分でやり、坐敷も掃除する。妻が苦笑し乍らいふ、「六十の声を聞かうといふのに、ふとんの始末まで自分でしなければならぬ世の中か」と。併しこれが必要となつて来たのだ。必要の前にはたれでも屈服しなければならぬ。客間はもう一週間も閉めきりである。二階や客間などは、ときどきしか戸をあけぬ家が近所でもめづらしくない。隣組十軒ほどの中、今は女中が一人ゐるのは隣家の湯田口家だけである。〔中略〕便所汲み人はこの春頃からめつきり不足になり、めつたに廻つて来ないので、どこの家でも自分で糞尿の始末をつけねばならなくなり、この三四ケ月間はよし子が奮ひ起つてときどき糞尿くみをやる。何しろこればかりは慣れぬ仕事とて思ふように行かぬ。骨が折れる。そこで思ひついたのは、便所のすぐ前の柿の木のもとを掘つて、その穴に糞尿を入れることである。かうすれば、よほど助かる。三郎が穴を掘る。ところが素人のせいであらう、汲みとるには汲みとつたが、その臭気がいつまでも去らぬ。鼻をつまみ乍ら、一家、素人汲みとりはうまく行かぬものと大笑ひする。(37)

ここで書かれている風見家の糞尿の汲み取りの様子は、最初のうちで、半ば遊び半分という雰囲気がないでもないが、これは社会的にもかなり深刻な問題だった。一九年九月の永井荷風の日記には、次のような記述がある。

人の噂によれば代々木千駄ヶ谷あたりにては便所掃除人来らざるため自分の家の便処は自分の手にて始末をすることになり奥様もおかみさんもめいめい汚穢屋になり空地へ掘りたる穴の中へ汚物を捨てに行く由なり。此のあたりの疎開地はこれがため臭気甚しくまた夜になれば野犬出没して通行人を噛みしこと既にたびたびなりと云。軍人政府の末路ますます憐むべく笑ふべし。(38)

荷風は、昭和二〇年三月一〇日の東京大空襲で長年住み慣れた偏奇館を焼失してしまったが、そもそもその前から、「下女下男」も「園丁」もいなくなってからは、いっそのこと「一思に蔵書を売払ひ身軽になりアパートの一室に死を待つ」方が幸せではないか、ともかねてから思ってきたのだという。

余は偏奇館に隠棲し文筆に親しみしこと数れば二十六年の久しきに及べるなり、されどこの二三年老の迫るにつれて日々掃塵掃庭の労苦に堪えやらぬ心地するに到しが、戦争のため下女下男の雇はるる者なく、園丁は来らず、過日雪のふり積りし朝などこれを掃く人なきに困り果てし次第なれば、寧一思に蔵書を売払ひ身軽になりアパートの一室に死を待つにしかずと思ふ事もあるやうになり居たりしなり、昨夜火に遭ひて無一物となりしは却て老後安心の基なるや亦知るべからず、(39)

戦時下の糞尿問題に悩まされたのは、風見の家や荷風が耳にした千駄ヶ谷の人々だけではなかった。伊藤整も、知人や親戚の家が同じ問題で悩んでいることを知らされる。

旧市内では糞尿汲み取り人が一月も来ない所が多く、各戸とも困っている由。都長はその問題解決のために委員会を組織したというが、これも人手不足と、労働者が怠慢になって、碌に働かぬせいであるらしい。これは二三年前から、定期的にむしかえされる問題だが、なかなか片附かないのである。(40)

糞尿の汲み取りも、度々問題になっているのに、やっぱり解決しない。瀬沼君の所でもあふれて流れ出しているというし、中野西町の薫たちの下宿松岡家では、汲み取りの人夫が、仕事の間じゅう「こんなに垂れやがって」とか何とかあてつけらしいことばかり言い、心附けを強要するような態度に出るので、準備していたが、腹を立てた主婦がやらなかった所、少ししか汲まずにやめてしまったという。(41)

（1）板垣邦子「決戦下国民生活の変容」（山室建徳編『日本の時代史25　大日本帝国の崩壊』吉川弘文館、平成一六年）一八〇～一八一頁。
（2）宇野重規『トクヴィル　平等と不平等の理論家』（講談社、平成一九年）五八～六〇頁。同書によれば、自分とあの人とはなぜ平等ではないのか、と自然に自問するようになった人間からなる社会を、トクヴィルは「デモクラシー」の社会と呼んだ。
（3）板垣邦子『日米決戦下の格差と平等』（吉川弘文館、平成二〇年）一六一～一六二頁。
（4）山本夏彦『「戦前」という時代』（文芸春秋、平成三年）一四～一五頁。
（5）色川大吉『ある昭和史』（中央公論社、平成七年）一九頁。
（6）本間千枝子『父のいる食卓』（文芸春秋、昭和六二年）一二四～一二五頁。
（7）同右、一二五～一二六頁。
（8）同右、一二八～一二九頁。

(9) 永井荷風『荷風全集』第二二巻（岩波書店、平成五年）二七二頁。
(10) オルテガ・イ・ガセット（神吉敬三訳）『大衆の反逆』（筑摩書房、平成一八年）八五〜九五頁。
(11) 前掲『荷風全集』第二二巻、一三四頁。
(12) 同右、二三六頁。
(13) 永井壮吉『荷風全集』第二四巻（岩波書店、平成六年）三六二頁。
(14) 前掲『荷風全集』第二二巻、二五八〜二五九頁。
(15) 同右、二七二〜二七三頁。
(16) 前掲『トクヴィル　平等と不平等の理論家』五九頁。
(17) 伊藤整『太平洋戦争日記（二）』（新潮社、昭和五八年）一二三頁。
(18) 山田風太郎『戦中派虫けら日記』（筑摩書房、平成一八年）三〇四頁。
(19) 野坂昭如『一九四五・夏・神戸』（中央公論社、昭和五二年）一四九〜一五〇頁、二〇三〜二〇四頁。
(20) 前掲『太平洋戦争日記（二）』一五五頁。
(21) 同右。
(22) 同右、一九四頁。
(23) 同右、三一九頁。
(24) 清沢洌『暗黒日記』（岩波書店、平成一二年）一四五頁。
(25) 同右、一六三頁。
(26) 野上彌生子『野上彌生子全集第II期』第七巻（岩波書店、昭和六二年）四八〇頁。
(27) 前掲『暗黒日記』一六三〜一六四頁。
(28) 同右、二四六頁。
(29) 大佛次郎『敗戦日記』（草思社、平成七年）七三頁。
(30) 北河賢三、望月雅士、鬼嶋淳編『風見章日記・関係資料』（みすず書房、平成二〇年）二六九頁。
(31) 同右、三一七頁。
(32) 同右、三四二〜三四三頁。
(33) 同右、三八〇、四〇七頁。

（34）同右、三五一頁。
（35）同右、二五七、二五九頁。
（36）同右、三四八頁。
（37）同右、二五五頁。
（38）永井壮吉『荷風全集』第二五巻（岩波書店、平成六年）二五五〜二五六頁。
（39）同右、三〇八頁。
（40）前掲『太平洋戦争日記（二）』一二三頁。
（41）同右、二〇一頁。

第六章　主張する下位者

総力戦体制の下で自らを主張し出したのは、女中たちだけではなかった。兵力の増大による深刻な労働力不足のため、労働力が大いに尊重され求められた時代のなかで、自らがになうその労働の価値に目覚め、その存在を過度にまで主張した職業人に、運送人夫がある。運送人夫がその立場や利益や権利を強力に主張するようになった結果、そのサービスのあり方に不満を抱いた人々が多かった。昭和二〇年一月、大佛次郎は日記にこう書いている。

〔朝日新聞の〕鉄箒欄を見ると小運送の人夫が人を困らせる投書が出ている。五六十米のところまでトラックを持って来て、積む役は引受けるが車まで運ぶのは別だと云う言掛り。交渉するとこの輸送戦士諸君四人で百円くれと切り出したと云う。品川駅の丸通のトラックだそうである。日本人の話と聞きたくないが、例外なくこの空気なのである。サツがやすくなったせいかも知らぬが昔の人情や親切がなくなったのは人間が事情によって幾らでも悪くなるということの証明のように見え、これが動かぬ現実だろうが不快である。(1)

のちの作家山田風太郎も、引っ越しで、運送屋からひどい目にあわされた人間の一人であった。昭和一九年三月末、東京医学専門学校の入学試験に合格した山田は、これまでいた下宿から学校前の酒屋の貸間に引っ越すことを決意する。そこで、運送屋を探すことになるが、運送屋の約束を取り付けるのはなかなか容易なことではなかった。一九年四月の彼の日記によれば、

運送店を探して歩く。どこも一週間くらいかかるという。人手が足りなくて、一週間前に頼まれた荷物もそのままにしてあるという。きょう運んでくれなどといったらオドされるよ、という。オッカナビックリで、やっと一軒の運送店できょう午後運んでもらう約束をとりつける。(2)

ところが、同じ日、たまたま昼過ぎににわか雨があった。そこで、「運送店へゆくと、この雨で予定が狂ってきょうはだめだとおやじいばっていう(3)」。運送屋が荷物を運んでくれたのは、結局翌日の午後であった。次いで、その約七か月後、山田は知り合いの家に下宿するため、また引越しを決意する。同年一一月の彼の日記によれば、

午後、あちこちと運送屋を探す。全然人手不足にて不可能なりという店あり、今すぐといっても前よりの註文多ければ出来難しという店あり。イヤに恩に着せて運搬賃二十円ならば三日後応じやらんという店あり。この四月末、五反田よりここに移るときの値は十円なりき。半年の間に倍にはね上る。(4)

結局、山田は運送屋をあきらめ、リヤカーを一台借り死にもの狂いで自ら引いて新宿から下目黒まで荷物を運んだ。途中雨が降り、アメリカ軍の無差別爆撃にも遭遇して、まる一日がかりの大仕事となった。

「オッカナビックリ」で運送屋と接したのは、山田一人だけではない。森田草平は、昭和二〇年四月、疎開のための荷造りをある運送屋に頼んだ。ところが、その運送屋は「金なぞ欲しくない、面倒な荷造りならお断りだとエライ権幕」であった。そこで、森田は「さつま芋二本を細君の土産に持たせ、午飯を食わせ」て運送屋の機嫌をとって、何とか荷造りをしてもらった。(5)

伊藤整の昭和一八年九月の日記にも、運送人夫の話が出てくるが、そこには、戦時下に運送費がいかに高騰した

かということが書かれている。

今日行きの小田急線の中で、隣に坐った工場主らしい男は連れに、空爆の予想からこの頃自家の家財を半分田舎へ送ったが、その送賃は台車一台四十円で、運送屋に頼んだ荷造賃が三百六十円（闇値の由）で合せて四百円かかった、などと話していた。(6)

また、野上彌生子の日記には、「リヤカー屋」なる商売が新たに誕生し、それが昔の自動車並みの料金を取るという話が出てくる。

もとのおせんべい屋がリヤカー屋になってゐるので頼みに行った序においしい塩せんべいを一と袋買った。リヤカー屋は田端まで行李一つ八十銭とった。自動車並みである。この商買は自動車不足とともに生じた新しい商買で、月三百円ほどになり、従ってリヤカーがもとは二三十円で買へたのに、今では二百円も出さないと手に入らぬ由である。(7)

しかし、いくら運送費が高騰してサービスの質が低下し、また運送人夫が人々の批判を受けようとも、時代は彼らの味方であった。彼らの要求する料金や条件をのまなかったり、彼らの機嫌を少しでも損ねたりすれば、要するに困るのは運送を依頼しようとした人々である。また、そもそも、この時代に闇の運送費を払ってトラックなどを調達し、それなりの規模の引っ越しをしたりすることが出来たのは、有産者に他ならなかった。長野のある新聞は、「日本人の面よごし的な臆病ものか、物質主義の権化か、乃至は戦争傍観者に相違あるまい。浮足だつた物腰は、周囲の人々に、好ましからぬ印象を与へ、おなじく逃避的気分に走らせる」と、運送屋に依頼して引っ越しをしたがる有産者を糾弾したという。(8)まさに、有産者にとっては受難という他はない。

中国新聞記者で、広島県庁や中国地方総監府で取材に当たっていた関係から広島県の役人に顔がきいた大佐古一郎も、運送業者の実態にあきれた一人である。彼は、昭和二〇年六月、疎開するため旧知の広島県輸送課長に頼んで、ある運送業者を回してもらった。ところが、県輸送課長の指示を受けたその運送業者でさえもが暴利をむさぼるやり方をし、それが大佐古を驚かせた。彼は日記にこう書いた。

それにしても、人の足元を見て暴利をむさぼる小運搬業者のやり方はひどい。荷馬車一台半日の運賃四十七円を払わされたほか、馬車ひきの要求で米一升とチップ二十円を与え、昼食まで出さねばならぬとは……。これが県の輸送課長じきじきの指示でやる仕事だから、普通の闇運賃でとる法外な値段が思いやられる。(9)

一方、伊藤整は、こうした現象の背後に、運送人夫という特定の職種に限られない労働者一般の時代的な変化、すなわち「風儀の乱れ」や、精神的怠惰を見ていたようである。彼は、友人の言葉を次のように日記に書いている。

二十歳前の青少年たちの気風完全にすさみ、年上の者を敬うようなことは全く無く、仕事は怠け風儀は乱れ、（賃銀高と土工の風儀に感染する為）全く困ったことであると峰岸、荒井君嘆く。(10)

運送人夫の次は、大工である。大工に関する事情も、運送人夫のそれと似たようなものだった。昭和一八年一二月の伊藤整の日記には、自宅の修繕のため大工を雇った伊藤家の主婦が、大工の機嫌を損ねないようにびくびくし、最大限の気配りをしている様子がおもしろく描かれている。

夕刻大工長谷川来る。かねて約束の水槽の蔽いと神棚を持って来て取りつける。薪のことがあるので貞子気をつけて、酒を一本つけたりしてもてなす。隣家を作っていた大工から手に入れた板で井戸の小屋がけのことを頼むと、正月十日すぎにやりましょうと言う。薪も多く出来ないが、何とかして間に合せましょう、と言う。今日の分、十七円というのに、二十円支払う。(11)

野上彌生子は、昭和一九年一〇月の日記に、「今は大臣大将を従弟にもつより大工や、左官や、トラック乗りや、運送屋をもった方がよい(12)」と書いたが、それは、夫の収入とは別に文筆活動による自身の収入を得ていたことから、一般の人々と比べればかなり豊かな生活を維持できた野上にとってさえ、切実な願望であった。それは、有産者にとっては、共通の願いであったに違いない。

運送人夫や大工に負けず劣らず、工場で働く職工、すなわちこの時代「産業戦士」と呼ばれた労働者たちも、随分威張っていた。昭和一八年一月の清沢洌の日記には、次のような記述がある。

　源川栄二君（清沢夫人の弟）の話。新潟から帰りに汽車の二等にいると、産業戦士なるものが続々来て「二等なんかに乗って何だ。俺らが遅れれば戦争ができね《ママ》じゃないか」といって威張ったという。芦田均君曰く、「ロシア革命前は若い者が服従せず、そうであった」[13]と。

山田風太郎の日記には、空襲で近所に住むある代議士の豪邸が炎上した時の、職工たちの様子が生き生きと描かれている。その代議士とは津雲国利であり、津雲は、昭和三年以来衆議院議員の身分であったが、翼賛政治会の常任総務をつとめるなど戦時議会の実力者として有名な人物であった。蓄財の才にも恵まれていたのであろう。彼の邸宅は、人々を驚かせる豪邸であったらしいが、その豪邸が空襲で炎上した時、見物していた町民や職工らは消化につとめる素振りを見せるどころか、逆に「チキショーめ、でっかい家を作りやがったなあ！」などと嘆声をあげ、どこか歓喜をおぼえているような目をした者もいた。昭和二〇年五月の山田の日記には、こう書かれている。

　左側は往来に面した家にとりかかっている間に、火は次第に奥へ奥へと回っていって、一時はほとんど収拾のつかない状態になった。しかしこれも朝になって、津雲という代議士の邸宅を最後の犠牲として食いとめてしまった。この最後の犠牲は実に豪華版だった。自分は夜明けの邸宅街を走って、裏側からこの津雲邸の庭に入り込んだ。美しい、広い庭園だ。建物は、尖った屋根やヴェランダや、まるで西洋の中世期の寺院のようだった。それが火の海を背景に、そしてまた蒼い黎明の空を背景にくっきりと最後の姿を浮かべていた。庭にはB29の翼が落ちていた。おそらく厚生省の傍に落ちていた尾翼と同じ機体であろう。その翼の上に、雀みたいに町民どもが並んで、「惜しいなあ！」「助けたいものだがなあ」と、口々に嘆声を発していた。しかし、みな腕をこまねいているだけで、どうやらこの富めるものの潰滅の光景に、どこか歓喜をおぼえている眼のかがやきでもあった。赤い火が、屋根の青い瓦を蛇のようにチロチロとなめはじめた。大邸宅はゴウ――と微かに、しかし重々しい、物凄いうなりを立て出した。消防隊のホースはもうこの邸の方は放擲して、庭園の樹々を必死に濡らすのにかかっていた。自分は、いまこの燃えはじめた邸の一階、二階、三階を一人で駈け回ってみたい衝動を覚えた。十人あまりのボロボロの菜っ葉服を着た少年の群が、長い塀に両手をかけて押し倒そうと汗を流していた。「チキショーめ、でっかい家を作りやがったなあ！」など、嘆声をあげている。近くの町工場の少年工であろう。その頭上から、樹々にむけられたホースの水が真っ白な夕立みたいに注ぎかけられた。彼らは濡れ鼠みたいになって奮戦していた。津雲邸はついに炎の城になりかかっていた。(14)

ところで、そもそも戦時下において、戦争を指導し総力戦体制を中心となって担っていた軍人たちが社会のなかで威張っていたのは、古今東西を問わず、ある意味で自然なことであったともいえる。軍人の横暴に関して、大佛次郎は、昭和二〇年八月の初旬、文芸春秋社につとめる友人で戦後作家として活躍する永井龍男から、次のような話を聞いた。

林房雄の裏に高射砲陣地出来、そこへ砲を運び上げるのに他に地所があるのにとうなすの畑にひき入れ、めちゃくちゃにする。林夫人がなじると、戦争ととうなすとどっちが重要か知っているかという。(15)

しかし、注目すべきは、軍人も威張るがその軍人に対して痛烈に、そして時として半ば公然と批判の声を挙げ自らを主張した人々が少なからずいたことである。漫談家で評論や随筆でも異才を発揮した徳川夢声は、そんな友人の発言を日記に書き残している。

（村上）絢チャン曰く「政府は総力戦だなんて言つてるが、軍人は軍人だけが戦争してるような顔をしている、甚だ癪です。先日も罹災した時、罹災民たちはブルブルと寒さに震えているのに、軍人は温かそうな外套を着、上等の長靴を履いて、平気で自動車をすつ飛ばす、一人だって罹災民に気の毒だという顔をする奴がないんです。僕よつぽど陸軍大臣宛に本名を名のつて投書してやろうかと思いました」と。絢チャンは上海戦の加納部隊の生き残り勇士なのだ。[16]

これは、戦時体制下で威張っていた軍人に対して発せられた、民間人の側からの主張であった。細川護貞も、一民間人が軍人や当局者をこき下ろしていた次のような光景を目撃し、一八年一二月の日記に書き記している。

帰途、電車内に国民服を着したるインテリ風の男ありしが、大声に歌を唱ひ、続いて、「負けるに決つてゐる戦争を、勝つ勝つ云ひやがつて、大馬鹿野郎だ。見てろ、キット負けるぞ」「負けりや欧洲赤化だ。アジヤの赤化なんか朝飯前だ」「そんな時俺が出るんだ」と、酔眼をしばたたきつつ大呼しありたるが、乗客はいづれも無関心の態度なりき。[17]

細川はまた、空襲による被害の視察に来た軍人の一行を罹災者たちが罵倒し、退散させるというすさまじい場面があったことについても、昭和二〇年三月の日記に書いている。

昨日陽明文庫にて朝日論説委員大塚氏に対面せしも、氏の話に、過日東京の焼けたる時、罹災者は皆疲れて路傍に座し居たるも、軍の自動車二台、泥水をけつて来り、美しく着こなせる参謀数名視察に来たるものあり。彼等力失せたる罹災民は皆期せずして一せいに立上り、[18]「お前達の為にかうなつたのだぞ、それを視察とはなんだ」とののしり、為に遂にすごすご彼等は退散したる由なり。

さらに、原爆を投下された二〇年八月六日の広島でも、ある主婦が将校を罵倒するという場面があった。中国新聞記者の大佐古一郎は、原爆投下直後の広島市内の惨状を自らの足で歩いて見てまわり、その見聞を詳細に日記に書き留めたが、そのなかに次のような場面がある。

十メートル先の路上で男女がいい争っている大声がする。破れた将校服に軍刀を杖にした若い軍人と、顔に血の流れた跡はあるが元気そうなもんぺ姿の主婦である。「……とにかく、お前たち軍人のやり方がわりいけえ、こういうことになったんじゃ」「自分たちは陛下のご命令通りにしてきたまでだ」「ばかをいうな。警報も出さんで……それがご命令か。この怪我人や町の中で焼けて死による人がわからんのか。兵隊さんや、わしゃあ恨むぞ……。子供や主人をどうしてくれるっ！」「それはアメリカへいうことじゃ。自分らは責任をとっていつでも切腹してみせますぞ」「そうじゃ、腹を切れっ！　腹を切れっ！　くやしいーっ！」そのあとは、泣くともわめくともわからぬ女の声がいつまでも続き、将校はとぼとぼと総軍司令部のある方向へ歩いた。(19)

また、軍人に対する人々の批判は、必ずしも言葉をもって発せられるものとは限らなかった。態度をもって表現される批判、あるいは沈黙の言葉も、声に出された言葉に負けず劣らず痛烈な場合がある。風見章は、次のような経験談を聞いた。

新宿より長野行に乗車したるに満員にて足の踏み場もなかつたが、偶々傷病兵四名乗り組みたるに一人もたちて席を譲るものなし。或る人中央部に座席を占め居たが、見かねて自から起ち傷病兵に席を譲りたるも、周囲のもの一人も席を譲るものなかつたといふ。有馬伯の知人の経験談の伝聞也。(20)

そして、そもそも公の場においてでなければ、軍人に対する直接的な批判や主張、異議申し立ては、至る所に存在した。細川護貞が出席した昭和一九年八月の友人同士の身内の会合では、話が敗戦後のことにまで及んだという。

伊藤知夫君応召につき、同君宅に杉浦、吉田、鶴丸諸兄と会合。〔中略〕而して万一我国に不利なる場合には、米人が来りて駐屯するが如きは堪へ難きこと乍ら、今迄横暴の限りを尽したる陸軍軍人が、圧へられるは痛快なりとの話出づ。(21)

こうして、軍人からすれば下位にあると考えられる者たちが、様々な場面において、また様々な形をもって軍人を批判したが、実は軍隊という組織の内部においても、下位者による上位者に対する批判や攻撃が、かなり深刻な形で日常化していたらしい。軍隊という組織は、一面においては、非常に平等な社会であった。なぜなら、日本では、天皇の下での一君万民的なたてまえ、すなわち「一君」の下で「万民」は平等であるとも受け取れる一種のたてまえを軍隊組織の擬制として堅持していたため、個々の人間の軍隊外での地位の差や貧富の別を、軍隊内には持ち込ませようとしなかったからである。[22] しかし、他面では、戦う集団として軍隊は、上下の秩序や規律を最も尊ぶべき組織でもあり、また仮にそれが無ければ軍隊は、そもそも軍隊のもつべき本来の機能や役割を果すことはできない。その軍隊の内部で、下位者の上位者に対する批判の爆発が、日常化していたらしい。よく言われる、いわゆる下剋上的な状況といってもよいのかも知れない。

風見章は、南方戦線にあったある部隊では、時々将校が兵士たちから乱暴されたり殺されたりしている、というすさまじい話を聞いた。

昭和十七年の七八月頃南方戦線より内地に帰還せる一軍医将校の談に、「内地にかへり、始めて心安く軍服の侭にて飲食店に赴くことが出来る。第一線に在つては兵士の気荒く将校を敵視する傾向あつて、将校の服にて飲食店などに居ると、時々兵士達が将校に対し乱暴を働くことがあるので安心が出来ない」と。[23]

南方前線兵士の規律に関し種々の噂をきく。将校憲兵等の非業の死にあふものあり、又殺傷さるものありとの事也。[24] 食料の不足は、軍紀の弛廃の最も重要な原因の一つである。下士官級は将校級の好意を求むるがために兵士を食料あつめにこきつかふ。兵士等は毎日ひどい飢え思ひし乍ら、上官の酒をのみ満腹にたべるのを、指をくわいて見てゐなければならぬ。自然上長への反感となり、軍紀弛緩の原因となる。[25]

軍隊内部の実情を伝えるこの種の話を書き残したのは、風見章一人だけではなかった。たとえば、昭和一七年一〇月ギルバート諸島のうちのミレ島の警備隊に配属された経験をもつある旧軍人も、似たような話を書き残している。彼の回想によれば、ミレ島では、昭和一八年三月頃から食糧の補給が途絶え、「夜間ごうからリーフに出て魚を釣り、名も知らぬ雑草と一緒に塩水で煮て食す」という生活をしていたが、「栄養失調で毎日何人かが死」んで行った。そのような状況のなかで、「ある将校は自分のごうにあった決戦用の乾パン箱の底に穴をあけこれを食べていたのがわかり、部下に絞殺された」という。[26]

山本七平の言葉を借りれば、「人びとが戦前に対して普遍的な一つの虚像をもち、この虚像との対比において戦後を正当化するという、奇妙な状態[27]」に陥っている戦後の日本人には、戦時中の日本軍の実態はなかなか分りにくいものとなっている。兵士たちが将校に対して乱暴を働いたり、殺傷したりしたという話も、忘却のかなたへ消えてしまった日本軍の真相が正しく伝えられなくなってから久しい現在から見れば、驚く他はないが、事実であったらしい。実際に砲兵少尉としてフィリピンで戦った自身の貴重な体験と、もって生まれたその深く鋭い洞察によって、日本軍の実像を書き記した著書を残した山本によれば、兵団長や参謀はもちろんのこと、末端の部隊の小部隊長も部下を統制できなくなり、部下が公然と離反して自由行動に移るといったことは、「ざらにあった」という。そして、山本は、陸軍専任嘱託として徴用され昭和一九年一月フィリピンへ派遣された小松真一が書き残した『虜人日記』が、日本軍について「現在われわれが読みうる最も正確な記録」だとして、その日記の次の個所を引用している。

［ルソン島の］山では食糧がないので友軍同士が殺し合い、敵より味方の方が危い位で、部下に殺された連隊長、隊長などざらにあり、友軍の肉が盛んに食われたという。〔中略〕ここ［ミンダナオ］は全比島の内で一番食物に困った所で、友軍同士の撃ち合い、食い合いは常識的となっていた。行本君は友軍の手榴弾で足をやられ危く食べられるところだったという。敵も友軍も皆自分の命を取りにくると思っていたという。友軍の方が身近にいるだけに危険も多く始末に困ったという。[28]

山本七平はさらに、食糧があと一週間分しか残されていないという状況に追い込まれたある小部隊で、品性に欠ける部隊長が部隊のなかで完全に孤立するに至る場面を記した、小松の文章を引用している。この部隊では、ある日突然副島と堀江という二人の兵隊が、行軍中に姿を消した。そこで、少尉で隊長の「船越は彼等が逃亡したものと早合点し、射殺すると言い拳銃片手に彼等の下ったと思われる谷川を追って行った」。ところが、実際には、二人は疲れていたため、道から少し入った所で休憩していただけだった。「三時間程たって船越が帰ってきて、余り興奮していつになく早く歩いたので又発熱した。自分の早合点で勝手に追いかけたのだから文句も言えず、心中は唯では収まらん様だった」。その日の夜、二人のうちの一人堀江が虎の子のミルクの缶詰を開け、皆に平等に分け与えた。ところが、「その時隊長である船越に特別たくさんに分けなかったといって彼は激怒した。品性下劣な男とかねてから聞いていたが話に勝る馬鹿者だ、皆あきれ返って以後話もしなくなる」。この事件以後、皆がこの隊長に話をしたり忠告したりしなくなったのは、船越隊長が「その内兵隊に殺される類に属する男だと思っ」たからであった[29]。その後、実際に、船越隊長は「兵を酷使したり敬礼をせんと言ってたたいたりするので、兵達は船越を打ち殺す計画までたて機会をねらっていた[30]」という。

下位者たちからの厳しい視線を浴びたのは、軍人たちだけではなかった。官吏や巡査に対する人々の批判的な態度を伝えている事例も、決して少なくない。大佐古一郎は、新聞への投書に、鉄道従業員を含めた公務員に対する批判や、役得の乱用・公務証明書の乱発と悪用・物資不足に便乗した縁故情実や顔役の横行をやめよ、正直者がばかを見ぬ政治・要領のよさがのさばらぬ政治を望む、など行政当局への註文が多かったと、日記に記している。投書のなかには、「行政協議会会長や知事は三等車に乗れ。行列して切符を買い、持ち物を警官に調べられ、すし詰め列車に乗り、夕食に食堂の前で行列してみよ」と書いたものすらあった[31]。

一方、風見章は、昭和二〇年二月の日記に、宴会中に爆死した幹部級の官吏に対して、「いい気味だと心に喝采した」人々の姿を記している。

一月二十七日B29の都心爆撃の折、日比谷の山水楼に爆弾が落下し、そこに会合飲食中の軍需省の幹部達が何名か爆死した。ところが軍需省では、それ等の犠牲者のために軍需省葬を営んだ。これを知つた心ある民衆は待避もせず、真昼間飲食店で酒をくらい、御馳走を頬ばり乍ら、爆死したものに省葬とはふざけてゐる、信賞必罰などかけ声だけではないか、それでゐて国民に無用の外出をやめろの、待避しろのと号令するとは何たるざまだと憤慨してゐる。この会食中爆死の事実は知らざるものなしといつていい程である。聞くところによると、その山水楼では、つね日頃軍人や官吏などがリヤカーなどで酒や料理資材を大ぴらに持ちこんで宴会をやるので、近所のものをけしからぬと憤慨させてゐたさうで、山水楼爆撃さると聞いた近所のものは、気の毒と同情せず、却つていい気味だと心に喝采した程ださうだ。[32]

この昭和二〇年一月二七日の事件は、森田草平の日記にも記されている。森田の日記では、日頃から付き合いの深かった東大史料編纂所の高柳光寿から聞いた話として、軍需関係の陸海軍人一〇名程が、商人と一緒にビールを飲んでいるところに爆弾が落ちて殉職したと書かれており、森田はそれに対して、「これでも殉職になるから不思議である」と自らの感想を記している。[33]

また、永井荷風は、単に心中で思うだけではなく、実際に憲兵に対して危害を加えた人々の事例を、二〇年五月の日記に記している。

川崎の町にて家を焼かれし人民焼跡に小屋を立て雨露をしのがんとせしに、巡査憲兵来りこれを取払はむとせしかば忽衝突し、四方より罹災の人々集り来り憲兵数名に傷を負はせしと云、深川辺にもこれに似たる事件度々ありし由、[34]

不幸にも、火災に見舞われた警察署長や高級官吏が、人々の嫉妬から、さらに二重のひどい災難に遭った事例も少なくない。一八年三月の伊藤整の日記と、一九年九月の大佛次郎の日記が、その種の事例について書いている。

この頃熊谷の警察署長の宅が火事になったところ、米が二俵出て来て、消防夫たちは激昂し、それを炊き出して食べた。署長は免職となったが、それ以後熊谷辺の米の供出が附近で一番成績悪い由。[35]

どこそこの内務部長の家が火事になったら木炭や砂糖がうんと出て反感を買ったと云うような話、デマかも知らぬがザラである。山一証券の主人の屋敷にガソリンと砂糖がうんと買込んであったのでその燃えるのを見て人が消防に手をかさなかったと云う話も聞いた。(36)

さらに、有名な雑誌編集者で、当時河出書房に勤務していた野田宇太郎は、昭和二〇年三月上野広小路で、一人の老人が「いきなり大きな声で街頭演説のように四方をぐるぐるとにらみ廻しながら喋りはじめた」のを聞いた。野田は、その老人の発言内容を、日記に次のように記録している。

神様なんてあるもんかネ。この冬のひどい寒さと云い。この焼けっぷりと云い、……食い物はなくなる、それに大臣や大将だけは自分のたのしみや食い物をどっさり持ってる。これで戦争に勝つもんかネ。天罰だ。奴等がみんな死んじまって、真人間ばかりの東京にならなけりゃ、戦争も勝ちはせぬ。ばかばかしい！(37)

野田は、「こんなことを街の真中で叫ぶのは、もう正気の沙汰ではなかった。もし憲兵や巡査がきいたらどうなるというのだろう。叫ぶのにも勇気がいることだった」と大いに心配したが、しかし、野田自身この老人の「いうことは一応筋が通っていた」ことを認めざるを得なかった。老人と、その発言に内心共感した野田が言いたかったことは、戦争に勝つためには、「大臣や大将」も庶民と同様の生活を、また全ての人々が平等な生活をすべきだということに他ならなかった。

最後に、田舎の一小学生が時の宰相東条英機に口答えした事例も、未成年ではあるが下位者の上位者に対する主張として、付け加えるべきかも知れない。風見章の日記には、こんな記述がある。

東条首相新潟に旅行し、例の如く朝の散歩に出て小学生を捉へ、「よく書をよめよ」と訓へたるに、その子不機嫌さうに、「本はねいや」と答へたる由。地方にて本年度の教科書今尚ほ満足に配給されてゐない。印刷の遅延のためである。(38)

（1）　大佛次郎『敗戦日記』（草思社、平成七年）一二二頁。

(2) 山田風太郎『戦中派虫けら日記』(筑摩書房、平成一八年) 三三八頁。
(3) 同右、三三九頁。
(4) 同右、五四二頁。
(5) 森田草平『森田草平選集』第五巻 (理論社、昭和三一年) 一〇〇頁。
(6) 伊藤整『太平洋戦争日記 (二)』(新潮社、昭和五八年) 八五頁。
(7) 野上彌生子『野上彌生子全集第II期』第七巻 (岩波書店、昭和六二年) 四五三頁。
(8) 板垣邦子『日米決戦下の格差と平等』(吉川弘文館、平成二〇年) 一七一〜一七二頁。
(9) 大佐古一郎『広島昭和二十年』(中央公論社、昭和五六年) 一三七頁。
(10) 伊藤整『太平洋戦争日記 (一)』(新潮社、昭和五八年) 三五五頁。
(11) 前掲『太平洋戦争日記 (二)』一三二頁。
(12) 野上彌生子『野上彌生子全集第II期』第八巻 (岩波書店、昭和六二年) 四二四頁。
(13) 清沢洌『暗黒日記』(岩波書店、平成二年) 一六頁。
(14) 山田風太郎『戦中派不戦日記』(講談社、平成一四年) 二五二〜二五四頁。
(15) 前掲『敗戦日記』二八八頁。
(16) 徳川夢声『夢声戦争日記』第五巻 (中央公論社、昭和三五年) 五四頁。
(17) 細川護貞『細川日記』上巻 (中央公論社、昭和五四年) 七九頁。
(18) 細川護貞『細川日記』下巻 (中央公論社、昭和五四年) 九〇頁。
(19) 前掲『広島昭和二十年』一七七〜一七八頁。
(20) 北河賢三、望月雅士、鬼嶋淳編『風見章日記・関係資料』(みすず書房、平成二〇年) 二〇四頁。
(21) 前掲『細川日記』下巻、一八頁。
(22) 色川大吉『ある昭和史』(中央公論社、平成七年) 六〇頁。
(23) 前掲『風見章日記・関係資料』一九九頁。
(24) 同右、二〇六頁。
(25) 同右、四一一頁。
(26) 朝日新聞テーマ談話室編『戦争2　体験者の貴重な証言』(朝日新聞社、平成二年) 一三八〜一三九頁。

(27) 山本七平『日本はなぜ敗れるのか』（角川書店、平成一六年）二九五頁。
(28) 同右、一六四〜一六六頁、小松真一『虜人日記』（筑摩書房、平成一七年）三二一〜三二三頁。
(29) 前掲『日本はなぜ敗れるのか』二三三〜二三四頁、前掲『虜人日記』一五一頁。
(30) 前掲『虜人日記』一六三頁。
(31) 前掲『広島昭和二十年』七七頁。
(32) 前掲『風見章日記・関係資料』三五七頁。
(33) 前掲『森田草平選集』第五巻、八二頁。
(34) 永井壮吉『荷風全集』第二五巻（岩波書店、平成六年）三一九〜三二〇頁。
(35) 前掲『太平洋戦争日記（一）』二八〇頁。
(36) 前掲『敗戦日記』一五頁。
(37) 野田宇太郎『桐後亭日録』（ぺりかん社、昭和五三年）一二〇〜一二一頁。
(38) 前掲『風見章日記・関係資料』二〇四頁。

第七章　主張する農民

内務省警保局保安課が出していた『特高月報』によれば、総力戦下において、これまで農村に存在していた「地主其他中産階級等所謂土地の顔役」と、「小作農民及社会的身分交際の程度低き下層民」との間の貧富の格差が縮小し、農民の間で、平準化の進行という現象が見られるようになったという。『特高月報』昭和一八年一月号は、その様子を次のように描いている。

事変後経済機構の改変に伴ひ農村生活の様相一変し、地主其他中産階級等所謂土地の顔役は従来の行懸り上隣組、部落会等公共的事業に携り暇倒れ多く更に国債の割当消化、寄附村内交際等出資の増加に加へ、小作料地代等の収益は案外薄く相当苦しき実情なるが之に反し、小作農民及社会的身分交際の程度低き下層民は却て工場出稼其他に収益多く、現在小作に依り自家用飯米確保し其の余暇を利用し出稼することが最も採算有利と見られ、之等下層民と雖も月収百圓を下らず其の生活は中産的土地所有者に匹敵する状況なり(1)。

また、『特高月報』の報じた記事からは、戦時下において、先に見た女中や運送人夫たちと同様、農民たちも自らの立場やその労働の価値に目覚め、その意見や思想を強く主張するようになったことを見て取ることができる。

すなわち、『特高月報』には、米の供出をめぐって一部の農民たちが不平や不満の言葉をもらすだけでなく、時と場合によっては、国策に対して非協力的な態度をも示すようになり、自身の立場を強硬に主張するようになった、その様子が描かれている。『特高月報』昭和一八年三月号によれば、

一部農民の中には極めて非協力的態度に出で殊に指導者層に敢て供出阻害の行為に出ずるもの幾多あるやに看取せらる。而して供出米に対する農民の思想動向を仔細に検討せば前記の如く一応承服し居るも其の心底には相当の忿懣鬱積し政府の施策に対し衷心より信服し居らずして、「農民は絞れば絞る程出るものなりとして我々に凡有る農産物の供出を命じ居るも、之に対し何等酬ゆるものなく、諸物価は昂騰するも米価は釘付、日用諸物資の配給は都市に厚く農村に薄い状態にて、凡有る面に於て我々を軽視し居れり。殊に今回の供出は保有米迄供出せよとて農村唯一の楽しみたる食生活迄脅かして居るも、斯くては農民は農業を嫌忌し他に転出するもの増加するは当然なり。」との口吻を洩し離農、減段の傾向漸次表面化されんとしつつあり。(2)

一方、風見章は、戦時中は故郷の茨城県に住んでいた。彼が残した日記には、茨城の農民をはじめとする様々な種類の人々の日常的な生活の様子が生き生きと克明に描かれているが、昭和一八年春頃の農民の様子について、農民たちに対する多大の共感を込めて次のように記している。ここでは、隣国中国の庶民だけではなく、戦時中には日本の農民たちも、「政策あれば対策あり」を必死で追求していたことをうかがうことができる。

昭和十八年春の農村に於ける米供出については到る処に悲喜劇を生んだが、その一つに猿島郡幸島村では老婆ベソをかいた話がある。米の供出が思はしくないといふので、村の駐在巡査を先頭に農事係の役場書記や翼賛壮年団の幹部や穀物検査吏員などが隊を組んで各戸虱つぶしに米の隠匿を探し廻つたが、或るものは雪隠小屋に隠したのを発見され、或るものは肥料の下にかくしたのを見出されなどして大騒ぎを演じ、或る家にては一老婆の枕が怪しいといふのでそれを取りあげ糸をほどくと中から米が出て来て、これを発見された老婆はベソをかいてしまつたそうだ。残酷にも程がある。出すぎた行動といはねばならぬ。また或る村では、警官が一農家をたづねたる折に掃き溜に小便せんとしたとこ

ろ、その近くに遊んで居た頑是なき子供等が、そこに小便してはいけないよ、大切なものが蔵つてあるからといつたので、警官はこの掃溜に米が匿されてあるのだなと気つきそれを調べたところ、果して米が三俵ほど隠匿されてあつたそうである。米をかくすためにはかほどに心を用ゆる農民なるものを、これをあばき散らしては農民をして米を作る熱意を失はしむる結果ともなるべきに、その心遣ひするものもなき世の有様である。(3)

『特高月報』は、農民が国策に対して非協力的な態度をとるようになった原因については、「遠因と認めらるるは主要農産物価と他物価との不均衡、農産物利潤と労賃との不均衡、農業生産資材の入手難等なるが直接原因は供出に依り食生活を脅かさるるに至りし為」と分析した上で、「斯くては決戦下喫緊欠くべからざる主要食糧の増産は期し得られざるは勿論大和民族培養の源泉たる農村の農魂も根底より崩壊さるるに非らずやと懸念さるる処」と、危機感を募らせている。(4) そして、農民の「非協力的態度」や「供出阻止、減石割当、減石陳情、隠匿等幾多の悪徳行為」について、その具体的な事例をことごとく列挙して、次のように説明している。この記述を読むと、やはり女中や運送人夫、職工たちの場合と同様、総力戦の下で、主張する農民が新たに出現したことを首肯したくなる気分にとらわれる。

(3)　一般農民の非協力事象（イ）供出懇談会の紛糾　買上米供出懇談会席上一農民より「還元配給可能なれば供出量増加せんも県の方針如何」との質問に対し、「絶対に認めず」との回答ありたる為、議場騒然として「農村の実情を知らぬ官僚の机上空論的な数字はよせ」「相手にするな」と怒号するものありて地方事務所長の発言により漸く鎮静会議を続行したり。（ロ）村民の大挙陳情　某村農民十八名は割当の過大なるに驚愕し之が割当の基礎を訊さんと大挙村役場を訪問係員に詰問せるが村長農会長等の説得により不承不承退去せり。

(4)　指導者階級の非協力的事象〔中略〕（ハ）村長の米穀隠匿　「某村長は多数米穀を所有し居り乍ら供出せずして倉庫に貯蔵し或は小作人に保管せしめ居れり」との風評あり調査の結果無届貯蔵多数且小作人に保管せしめ居るを発見厳重加諭供出せしめたり。（ニ）村会議員の供出阻止言動　某村会議員は農会事務所に至り技術員等に対し、「保有米から決戦米を出す必要はない。役人や警察官の言ふことを信用して軽々しく供出してはならぬ。元来役場や農会は農民の為に設けられたものであらう。君達もよく考へる必要がある」と言ひたるを以て技術員は、「戦争に勝抜く為であるから如何なる苦痛も忍んで供出せねばならぬ」と協力方を強調せるに対し、「そんな戦争はする必要はない」と反戦的言辞をなしたるを所轄署に於て聞知検事取調中。（ホ）林産物検査員の供出阻止言動　林産物検査員某は自家を訪問せる居村民に対し、「お前はお人好だから農会の奴等に無理の割当をされたのだ。俺は農会に異議を申立ても文句も言はれない。大体君等は馬鹿にされて居るのだ。」と自己の割当二十三俵を十三俵に減石したと吹聴し且他人の供出を阻害するが如き言辞を洩したり。

（5）其他の特異事象（イ）米穀調査員の総辞職問題　某村に於ては米穀申告に不実記載をなせるもの多き為五回に渉り申告書を撤回せる処村民等は激昂し、「お前等は余り無理すると月夜ばかりではない闇夜もあるのだから叩き伸ばされぬ様にせよ」と脅迫的言辞を受け今後の職務遂行に困難を感じ総辞職せるも所轄署の慰撫により辞表を撤回せしめたり。〔中略〕（ニ）暴行事件　検査員より執拗に供出方を慫慂せられたるを遺恨に思ひ偶々通り合せたる機会に検査員を池中に蹴落したる事件発生厳重加論。（ホ）村長袋叩きの流言「村長が供出を余り喧しく言ふので袋叩きになった」云々の流言あり原因調査の結果反村長派の厭がらせと判明厳重加論。（へ）不穏投書　某町長宛左の如き供出に対する不満投書ありたり。「農民は支那事変以来食糧其他各般の物資を供出し居るに拘はらず俸給生活者、商人、大地主其の他米の消費部層は何等の供出もせない。是では銃後の足並が揃はない。農夫は死んでもよいのか」。(5)

さらに、『特高月報』は、農民たちが実際に行った発言の具体的な内容についても次のように克明に記し、新たに主張するようになった農民たちの声を、極めて鮮明な形で伝えている。ここには、当局のいうところのいわゆる「非協力的態度」や「幾多の悪徳行為」に出た農民たちのいわば本音が記されているが、「遊んで居る都会人」や「不必要だと思はれる飲食店」、「木炭焼や坑夫」、「会社員や官吏」などと比べて、農民に対する社会や当局の処遇が不平等で公平ではないことに強く怒っている農民たちの姿が、最も印象的である。食糧の配給に際して、公平な分配に神経質にこだわるようになった都会人や、旦那とその家族に対して人間としての平等を主張するようになった女中たちと同様に、農民たちも、他の職種との間の平等や不平等を強く意識するようになり、それを言葉として発するようになった、ということであろうか。

（1）　供出々々と云ふて我々が汗水流して作つた処の米を安く持つて行かれて自分達が食ふに困る様になつてはやりきれない。食はずに働けと言ふのか。百姓は死んでもよいのか。斯んなうるさい米を無理して作るより自分の身丈作って農業の余暇に他の金になる処で働いた方がよい。

（2）　百姓からは何んでもかでも出せ出せと言つて取り上げ呉れるものは都会で一〇〇点なら田舎は八〇点と云ふ様に何んでも僅少である何んでこんな差別をするのか百姓を馬鹿にするにも程がある。

（3）　役人は机の上で表を作れば良いのである実際に農民に打付かつて供出させると云ふことになると仲々机の上で考へて居る様な訳には行かない。そして農民が出さないと警察力を用ひて片つ端から検挙して出させるとか第一線の将兵の労苦を思へとか云ふておどして来るが第一線で働いて居るのは我々の子弟であつて我々の方が前線将兵の気持は良く知つて居る役人も今少し百姓の気持を知つて仕事をして貰ひたい。

（4）　供出時機が遅れた為我々は喰ひ過ぎたり親戚知己に分けてやつて現在では自分の食糧丈しか取つて居ない。そこへ出せと来てももう出す処はない。又少しはあつても農繁期の臨時雇の作男に昼食を食せる分を取つておくのだから是位は認めて貰ひたい。今後はもつと早く供出命令を貰ひたい。

（5）　我々百姓がたまに東京辺りへ出て行つた時に歌舞伎座の前辺りに入場券を買ふ為に黒山の様に人が集つて居る。こんな遊んで居る都会人の為に我々が汗を流して作つた米を送り出すことには賛成出来ない。

（6）　農村からは無理やりに供出させて不必要だと思はれる飲食店に米を配給して、彼等に金儲さして居るがあんな遊んで居るものに食はせる余分の米があるなら保有米の供出等はさせなくてもよい。

（7）　木炭焼や坑夫には酒の特配をやるとか格安に配給すると云ふ様な事をして居るが農家にはそんな事がないのは遺憾だ。百姓は全く戦争遂行上大きな役割を果して居るのだから一方に無理をさせたなら一方に「ユトリ」のある処を見せて欲しいものだ。
（8）　会社員や官吏は色々の手当が貰へるが百姓には夫れがない中流以上のものは応召しても援助も貰へぬ。農民が安心して働く為めには今少し物価を安くして米価と均衡のとれる様にして貰ひたい。供出の時丈チヤホヤされるのでは米を作るものもなくなる。(6)

農民の不満は、また麦の供出をめぐっても爆発し、それが公然の場において具体的な発言や行動として表れた。風見章の日記には、茨城県におけるいわば主張するようになった農民の姿を伝える、次のような驚くべき記述がある。

この間、結城郡岡田村で麦の供出割当に関する協議会をひらいた折、地方事務所の官吏や警察署長なども同席してゐたが、一人の老人は小児にさへ満足に食べさせられないといふ有様では、戦争などやめてしまつた方がいゝと公然叫んださうだ。割当量が多過ぎるといふ憤慨からであるのはいふまでもないが、それにしても、ことに警官などの前では心ではどうあらうとも、口さきでは一かど楠正成の申し子でもあるような言句を吐いて頼しさを誇示するといふのが一般の習性であるから、警察署長同席の会合などでは、かくもぶしつけに大びらにいつてのけるといふようなことは、従来曾て無かつたことである。しかもその言葉を聞いて、同座の一同たれも不当だとたしなめようともしない。それ所か、自分達の代弁者が出てくれてよかつたといふ顔色を見せて、何れも同感の意を暗黙裡に物語つてゐたといふのである。警察署長等の立会ひの官吏なども、その雰囲気に圧せられて黙つてゐざるを得なかつたさうだ。(7)

農民たちを結果的に苦しめることになった対米戦は、要するにひとことでいえば、国民の「世論」に押し切られる形で始められたものであったが、その後数年がたち、今や警察署長といえども、農民たちの「世論」には逆らえない社会が日本に成立していたのである。麦の供出をめぐる主張する農民たちの姿は、『特高月報』では次のように描かれている。ここでも、「社会の総てが同様に苦しむなら良いが現在のやり方は我々丈を虐める」などとあるように、他の職業と比べて農民に対する扱いが不平等である点に、彼らが強くこだわっていたことを、見て取ることができる。

一部階層には未だ従来よりの自由主義的巧利打算的観念より脱却し得ずして割当の不当を鳴らし極力割当額の減少を計らんとして「旱魃で全く収穫がなく且春の米供出を無理してあるのでそんなに出せば自分達は勿論家畜の飼料にも困難を感ずるので到底之には応ぜられぬ」「一般商人は自分の取扱つて居る品物では何等不自由を感じて居ないのに何故百姓丈が自分で作つて居る米、麦に不自由せねばならないか。社会の総てが同様に苦しむなら良いが現在のやり方は我々丈を虐めるのであるから面白くない」等の意嚮を洩し、特に郡市割当協議会等に於ける農会長其他指導的地位にあるものの中には「自分は只此の会合の話しを聞かせて貰う積りで来たので割当を引受けるので来たのではない」と自棄的言辞を洩して会議半ばにして退席し或ひは「農会技術員等の言ふ事を聞く様な農民は一人もいない。供出の話などすれば農民に怒られる位のものだ、」「村農会で調査した数字が上様に聞かれない様では寧ろ調査などせずに頭から割当した方が良いではないか」「斯んな大きな数字を郡へ帰つて話したら農民に怒られるからとても引受けられぬ幾らでもよいから減額して呉れ」「割当さへすれば幾らでも出ると思ふのは間違だ。第一苦労して沢山穫つた人から多く出させるのは考へものだ」等極めて非協力的言辞を洩し、止むを得ず割当額を引受くるが如き非協力的態度を表顕しつつあるが斯る指導者階層の態度は今後の供出に一抹の不安を感ずるものありて誠に寒心に堪えざる処なり。(8)

大佛次郎の昭和二〇年三月の日記には、大佛が、友人から「紀州あたりの田舎でも百姓が負けるのなら働かぬといいおる由」(9)を聞いたとの記述があり、以上述べたような総力戦下における農民の主張は、全国の様々な地域で噴出していたようである。長野県上伊那郡では、ある農家の男性が、「いつまでもこんなことが続いてはかなはぬ。早く戦争がどうにかなつてくれねば困る。どこの政治になつても同じことではないか。日本が負けるなら負けるもよい。アメリカは物資が沢山ある」と人前で発言した、という。(10)また、茨城にいた風見章の日記には、いってみれば、農民が皇族の来訪に対して「有難迷惑」だと半ば公然と言い放った、と受け取れる記述さえある。

昭和十八年六月中旬の農繁季に茨城県下に妃殿下が農事視察に赴けるが、農民連私語して曰く、犬猫の手も借りたきほどに忙しき最中を、殿下来臨といふので通路の草取り修繕などに引き出されて時間をつぶさねばなら〔ぬ〕とは、まことに難有迷惑なりと。(11)

(1) 内務省警保局保安課『特高月報』昭和一八年一月、六〇頁。
(2)『特高月報』昭和一八年三月、五九頁。
(3) 北河賢三、望月雅士、鬼嶋淳編『風見章日記・関係資料』(みすず書房、平成二〇年)二〇二〜二〇三頁。
(4)『特高月報』昭和一八年三月、五九〜六〇頁。
(5)『特高月報』昭和一八年三月、六一〜六二頁
(6)『特高月報』昭和一八年三月、六二〜六三頁。
(7) 前掲『風見章日記・関係資料』二九五〜二九六頁、三七三頁。
(8)『特高月報』昭和一八年六月、九三〜九四頁。
(9) 大佛次郎『敗戦日記』(草思社、平成七年)一七六頁。
(10) 板垣邦子「決戦下国民生活の変容」(山室建徳編『日本の時代史25　大日本帝国の崩壊』吉川弘文館、平成一六年)二一五〜二一六頁。
(11) 前掲『風見章日記・関係資料』二〇〇頁。

第八章　共産革命の予感

これまで述べてきた、特に昭和一九年、二〇年に顕著に見られた総力戦下の社会的な傾向、すなわち、有産者の経済的そして精神的な窮迫やその財産の剝奪、一般大衆の平等志向や均霑要求、下位者の上位者に対する異議申し立て、有産者を追い詰めて行った翼壮や世論の攻勢などは、当時の少なからぬ人々をして、共産革命の可能性を想起せしめた。そうした認識を最も明確な形で書き残していたのが、清沢洌である。清沢は、当時の日本の社会的状況のなかに、共産革命の兆候を見ていた。彼は、昭和一八年六月次のような日記を書いた。

> 昨日、三宅晴輝君の話し。同君の友人の一人は、我国に革命必至なるを信じ、浅川近くに田畑、山林を買って移ることにした旨を語った。友人とは大内兵衛君にあらざるか。嶋中雄作君の話し。近くの奥さんが交番に呼ばれ、「女中を使うなどは贅沢だ。空地があったら、産業選手〔戦士〕に貸してやれ、掃除などしなくてもすむだろう」といったという。右のような話しから見ても、社会の根底に赤化的流れが動いていることを知り得る。予はかねてから空襲下に略奪不可避を言って来た。また食料難から革命的騒擾の出現をも予想して来た。ただ、これを避ける方法を講じ得ないのは何という不幸であろう。戦争の深化――食料難――騒動――内閣更迭――動揺の継続――和平論の抬頭――革命的変化――そのような順序をとるのではあるまいか。[1]

この文章を書いた翌月、清沢は、「我国に革命必至なるを信じ、浅川近くに田畑、山林を買って移ることにした」三宅の友人とは、実は大内兵衛一人ではなく、大内の東大経済学部の同僚で、いわゆる人民戦線事件で大内と共に労農派教授グループの一人として検挙された有沢広巳も、その仲間であることを知る。一八年七月の清沢の日記には、次のような記述がある。

> 有沢広巳は兄から金を出してもらって、浅川に三反の畑と、山を買い、百姓屋を改造して自作農をやることになったそうだ。それは来るべき混乱と革命に対する恐怖からである。(2)

清沢は、目前に迫りつつある日本の共産革命は、創造的なものではなくてむしろ破壊的なものであると見ていた。

> 日本に革命は必須である。その革命は封建主義的コンミュニズムであろう。その結果は、他の持つ者を奪いとるのである。クリエーションでなくて、デストラクションである。特に信州が然りだ。芦田［均］君が「どう我らが努力しても仕方がないから、安心境に入った」というから、「それはその通りだが、この事態の齎す結果について楽観できない。すなわち革命はそれ自体恐れないが、その齎すものは何ら文化的なものが見当らない。この点で仏国大革命の持つ目標の如きものを有していない」と僕はいった。(3)
>
> 信州に不在地主の一掃運動起る。余も不在地主の一人なれど、これは当然であろう。ただしここにも革命的気運を見る。(4)
>
> 革命はすでに目前にある。若い巡査や民衆の金持ちに対する深刻なる反感だ。（一）嶋中君の話しに、新橋の料理屋街に置いた自動車が二十台以上も、タイヤーをスッカリ切られたそうだ。（二）家内が上田に行く汽車の中で、征服の巡査が隣りの人と、「人足が別荘の草とりに行くなんて怪しからん」といっていたそうだ。(5)

細川護貞も、日本に共産革命が迫りつつあると見ていた点で、清沢と認識を同じくしていた。また細川は、共産革命の予感を抱いた幾人かの人々の話を聞いた。細川が、昭和一八年一二月、近衛内閣で蔵相もつとめた財界人の池田成彬の家を訪ねた時、池田は次のように言ったという。

現在に於ても、社会の風潮が次第に共産主義的な傾向に流れ居るも、戦後は益々此の風潮大となるべく、殊に現在の労働者に対する宣伝の如き、度を失したるものの如し。[6]

また、細川は、自らが秘書としてつかえる近衛からは、翌昭和一九年六月次のような話を聞いた。

小林一三氏が来訪し、「突飛なことを申す様なるも」と前置きして、「どうも最近の日本の傾向は赤であつて、若し万一のことある場合には、ソヴィエットに強要せられて共産主義者を政府に迎へざるべからざることとなるべく、夫れは仏、伊、チェッコ、ギリシャ等々の例に見る所にして、此の点心配に堪へず、よつて自分は之が対策を考究中なるも、主として家族を中心としたる考へ方なるも、いづれ出来次第贈呈せん」とのことなりしと。[7]

同年五月、細川が近衛と雑談した時、近衛自身もこう言っていたという。

最近或る男の話では、ソ聯の武官が、日本の最近の様に共産主義的ではとてもやり切れない、是ではソ聯が防共をしなければならぬと云つたと云つてゐたが、最近のやり方は殆ど赤だ。[8]

細川自身も、池田や近衛らの認識に共感していた。細川は、自身の考えを一九年四月の日記に次のように書いている。

昨今の世情は実に共産主義的なり。衣食住につきても皆殆ど悪平等なり。過日の横須賀線の電車の二等を廃したるは兎も角として、三等の腰掛をはづしたるは如何なる意味なりや。之をはづしたりとも他に用途あるべき筈なく、又はづしたるが為、それだけ多く人を収容するを得るものにも非ず。実に不可解なること多し。昨日学習院の生徒に逢ひたるに、昨今は学習院の学生には学用品を売らざる店出来たりとのこと。又制服あるを以てゲートルを為さざりしも、昨今は非難多き為ゲートルを巻くこととせり。勿論之等は小事なるも、一体に空気は険悪にして、人心は荒び、少しの余裕

もあることなし。恐るべきことなり。(9)

近衛や彼の周囲にあった人々のこのような認識は、よく知られているように、昭和二〇年二月、近衛が天皇に対して戦争の早期終結を勧告したいわゆる近衛上奏文の内容に反映されることとなる。近衛上奏文は、「最も憂うべきは敗戦よりも敗戦に伴うて起ることあるべき共産革命に候」と述べ、敗戦にともなう革命を回避するために、戦争の早期終結を訴えた。もっとも、名門の生まれで側近として天皇を支えた近衛が、共産化や革命そのものを人一倍恐れていたことは容易に理解できるが、しかし、当時の政治状況のなかに共産革命の兆候を見出し、それを深く憂慮していたのは、近衛のような政界上層部の人間に限られなかった。(10)

たとえば、作家の野上彌生子は、昭和一八年七月の日記に、「革命当時のパリの無秩序とカオスをおもふ。この戦のあとにも似た状態が来ないではすまないであらう。すでに我々の周りにもそれが迫りつつあるのをかんずる」(11)と、明確に書いている。野上は、近衛のように、とりわけ日本の政治や社会の動向や深層に精通していたというわけではない。しかも、彼女は、戦時中は軽井沢の自身の別荘で時を過ごすことが多く、どちらかといえば日本の社会よりも、彼女自身の周辺の日常的な日々の生活を深く見つめていた人物であった。しかし、それでも、彼女の認識または直感は、近衛のそれと基本的には共通していたといえるであろう。

また、野上と同様作家の森田草平は、総力戦が共産主義に通じることを、最も敏感に感じ取っていた人物の一人である。森田は、昭和二〇年六月の日記に、「総力戦は共産主義にして初めて行われる」と書いている。(12)そして、二〇年の彼の日記には、戦局が日本にとって思わしくないことに対する焦りや不満、またその原因についての分析が所々に記されているが、彼は日本の不振の根本的な原因を、彼のいう「共産主義」の不徹底に求めた。昭和二〇年五月の彼の日記には、次のような記述がある。

散〔敢〕てCommunismなぞとはいわない。しかし私有財産を禁じて、人間が皆公共のために喜んで働くようにならなければ、日本人の幸福は再び来らず。凡ての邪悪の源は私有財産である。私有財産を持つことから生ずる人間の汚さと不幸を今度の戦争が始ってから以来ほど、しみじみ見せられたことはない。国家総力戦を始める前には何うしても私有財産を一時的にも禁止して置いて始めなければならなかったのだ。(13)

森田は同じ日の日記に、「俺は今後心から共産主義のために闘う」と記した。そして、彼は、戦後の昭和二三年に本当に日本共産党に入党して、人々を驚かせた。

さらに、山田風太郎は、昭和一八年一月、ごく普通の人々が日頃通っていた食堂で食事をしていた一人の紳士が、「いまの日本は共産主義と紙一重じゃ」と言ったのを聞いた。そして、山田自身も、共産主義に好感を持つわけではないが「金持には反抗を感じる」と、日記に記した。彼はこう書いている。

しばらくゆくと、一軒の食堂が開いていたので、ようやく食事をとった。中で、モーニングを着た三人の紳士と、インバネスをつけた老人とが、卓の上に十本ちかい徳利を並べ、蛸をサカナにしきりにくどき合っていた。自分にはさっぱりわからなかったが、その中でいやに顔の間のびした、そのくせ陰気な感じの紳士が、「君、いまの日本は共産主義と紙一重じゃ。……」といった声だけが、意味のわかった唯一の言葉だった。しかし、その声には、勿論うれしそうなひびきはないが、それかといって、哀痛の調子もない、ただ無感動の中に一種得意めいた語気が含まれているように聞えた。〔中略〕自分としては共産主義に好感を持つわけではない。しかし、金持には反抗を感じる。(14)

最後に、戦中期に一時政界を引退したものの、戦後社会党の代議士として活躍することになる風見章も、「暴力による物資獲得」、すなわち共産革命が日本で現実化することを予感していた人物の一人であった。昭和一九年一〇月の風見の日記には、次のような記述がある。

かういふのがだんだんふえて行くとしたら、結局どうなる？　持つものは持たざるものから見れば、自分達の必要とする物資のあつかり人としか見えなくなるだらう。持つものにとつてはおそろしい話である。だが持つものは少く、持たざるものは多い。小勢はつひに大勢の敵ではない。反抗出来ぬ。それが出来なければ、屈服以外に途なしである。持つものも、持たざる階級へ引き下ろされて行かずはなるまい。つまり裸にされてしまうだらう。〔中略〕さうなると法律は、持たざるもののために持つものの物資を取りあげることが必要になる。つまり個人個人の非合法的掠奪や盗みを抑制するために、国家の名に於て合法的奪掠を行ふのでなくては、法律の権威は維持出来まい。さういふように法律の威力を発揮させることが出来るだらうか。出来さうもない。出来ないとなれば、どうなる？　人々は暴力による物資獲得へといら立つより外はなくなるだらう。さきが案ぜられるではないか。(15)

このように、戦中期に、日本における共産革命の勃発を予感したり、あるいは社会がそれに向かって進んでいることを心の底から恐れたり反対に期待したりした人々の数は少なくないが、ともあれ、そうした人々のなかでも、日本の政界に占めたその存在の大きさという観点から見れば、その認識に最も重要性があったのは疑いもなく近衛文麿であったろう。近衛は、周知のように、戦後は占領軍により戦犯に指名されたあと自決することになるが、この近衛のあとを受けて、鳩山一郎から吉田茂へと受け継がれて行く戦後の保守本流の基本的な方向が、形成されて行くことになるのである。しかし、この近衛らと、日本の社会についての現状認識においては酷似していながら、路線そのものは対峙し合い、また直接顔を合わせることはなかったであろうが、昭和二〇年の時点でお互いに相手を強く意識し火花を散らしたもう一人の重要な政治家がいた。それが、中国の延安にいた共産党の野坂参三である。野坂は、昭和六年党中央委員会の決定によりソ連に亡命していたが、一五年に延安に移り、日本兵捕虜の共産主義教育などに従事していた。

野坂は、敗色濃い日本を遥かに望んで、昭和二〇年四月延安で開かれた中国共産党第七回全国大会で、敗戦後の日本についての見通しに関して演説を行った。野坂は、延安では日本のほとんど全ての新聞や雑誌を読んでいただけでなく、日本のラジオも聞いており、日本のことを内地の人間以上に正確に認識していたともいわれる。中国共産党全国大会における野坂のこの演説は、アメリカの諜報機関でCIAの前身であるOSSの関係者との協力の下に出来上がったものだったというが、そのなかで野坂は、日本の民主主義革命を展望し、それが近衛や近衛のあとを継ぐ政治家たちの主張する反共連盟の構想と対峙する戦後日本の民主戦線という構想の先駆となった。野坂は、日本における共産革命を担う戦後の「民主的勢力」として、日本共産党、旧日本無産党、旧社会大衆党内の誠実な分子、旧民政党・政友会などの指導者の一部、国外反軍部団体を挙げた。そして、連合国の一部が期待をかけている「『穏健派』とか『親英米派』と呼ばれている一部指導者」に特に注目し、近衛をも含むこの指導者たちが戦後日本の指導者たることを、明確に拒絶した。[16]

筆者の考えるように、昭和二〇年に日本の社会そのものが共産革命に直結しかねない雰囲気に包まれていたとするならば、それを政治的に受け止めることのできる受け皿も、昭和二〇年の時点ですでに明確な形で準備されつつあったといえるだろう。中国にいた野坂を中心とする共産党の政治家たちが、それであった。野坂は、敗戦後の昭和二〇年九月延安を発ち、翌年一月日本へ帰国することとなる。彼は帰国前の二〇年一〇月から一一月にかけて、極秘裏にモスクワを訪問し、そこでソ連情報機関の工作員としての任務を与えられた。そして、帰国に際して彼は、ソ連・中国両共産党との協議の上で形成されて行った革命のイメージ、すなわちソ連もその一翼を担うものと想定されていた占領軍の権力を背景に、それによって後援された民主人民政府を日本に樹立するという、東欧のいわゆる人民民主主義革命と酷似したイメージを頭に描いていたという。[17]

（1）　清沢洌『暗黒日記』（岩波書店、平成一二年）四四頁。
（2）　同右、五二頁。

（3）同右、五五頁。
（4）同右、六七頁。
（5）同右、一一三〜一一四頁。
（6）細川護貞『細川日記』上巻（中央公論社、昭和五四年）五四頁。
（7）同右、二三一頁。
（8）同右、一九五頁。
（9）同右、一八五〜一八六頁。
（10）三谷太一郎『近代日本の戦争と政治』（岩波書店、平成九年）七二〜七三頁。
（11）野上彌生子『野上彌生子全集第II期』第八巻（岩波書店、昭和六二年）六九頁。
（12）森田草平『森田草平選集』第五巻（理論社、昭和三一年）一一七頁。
（13）同右、一一〇頁。
（14）山田風太郎『戦中派虫けら日記』（筑摩書房、平成一八年）七九〜八〇頁。
（15）北河賢三、望月雅士、鬼嶋淳編『風見章日記・関係資料』（みすず書房、平成二〇年）二九三〜二九四頁。
（16）伊藤隆『昭和期の政治』（山川出版社、昭和五八年）二〇四〜二一六頁。
（17）伊藤隆『日本の近代16　日本の内と外』（中央公論新社、平成一三年）三四八〜三五一頁。

第九章　変節

昭和二〇年八月を境として、これまで軍部の推進する国策を支えたりそれに従ったりしてきた日本人たちは豹変し、敵国であったはずのアメリカを主力とする占領軍に恭順の態度を示した。すでに戦時中から、戦後日本人の精神的虚脱を予感した人々の代表が、伊藤整である。伊藤は、昭和一九年の日記に次のように記していた。

万一、日本人のこの精神力、国民総力集中の戦が、物質文化の力によるアメリカに勝てないとしたらと思うと、倫理的なものの価値を私たちは信ずることができなくなる。存在の深淵である。(1)これで日本が勝てぬようならば、人間の精神力というものの存在の拒否となり、人類は物質生産力による暗黒支配の中に入るとしか考えられない。(2)

今から思えば、感性を命とする小説家伊藤整のその直感の鋭さには、驚く他はない。一方、細川護貞も昭和一九年八月、敗戦後は特に女性が「アメリカニズム」に陥るのではないかと、友人たちと話していた。細川の日記にはこう書かれている。

伊藤知夫君応召につき、同君宅に杉浦、吉田、鶴丸諸兄と会合。〔中略〕而して万一我国に不利なる場合には、米人が来りて駐屯するが如きは堪へ難きこと乍ら、今迄横暴の限りを尽したる陸軍軍人が、圧へられるは痛快なりとの話出づ。又日本女性は斯の如き場合、昭和六七年頃のアメリカニズムに感染すべく、我々は再び女性嫌悪癖にとりつかれざるを得ずと。(3)

ともあれ、敗戦後の日本人は、永井荷風が敗戦一か月後に日記に書いたように、「世情聞くもの見るもの一ツとして悲愁の種ならぬは無し。昨日まで日本軍部の圧迫に呻吟せし国民の豹変して敵国に阿諛を呈する状況を見ては、義士に非らざるも誰か眉を顰めざるものあらむ」(4)という様相を呈した。荷風は、知人からもらった手紙に、「降参以来日を重るに従ひ我と我眼我耳を疑ふ如き醜状頻々として見聞致候事、実に情なき次第に御坐候」(5)と書いてあったと記しているが、何があっても冷静沈着だった荷風自身にとっても、日本人の変わり様は、その予想をはるかに上回るものだったようである。そして、荷風は、もらった手紙にこう書いてあったと記す。

銀座辺へ買物に出る異人供の後をゾロゾロとついて廻り、やれタバーコ、チョコレートなどと、片言の英語で乞食のやうに耻も外聞もなくねだる国民服を見る時はおのれ日本人たる事を忘れてつくづく日本人がいやに相成申候。(6)

日本人があまりにも短期間のうちに豹変し、アメリカに対する従属意識を強くもつようになった背景には、やはり伊藤整がいうように、日本人がそれまでもっていた「倫理的なものの価値」を喪失し、「物質文化の力」に圧倒されたことがあったのは事実だったであろう。ジョン・ダワーは、日本人が最初に敗戦による日本の従属的地位を強く実感することになったのは、昭和二〇年九月二日米軍艦ミズーリ号上で行われた「ドラマチックな仕掛け」を盛り込んだ降伏文書調印式であったと述べているが、(7)その後、多くの人々が、戦争末期に渇望された「科学と物量」に秀でた進駐軍を目の当たりにし、日本がアメリカに比べて物質的にもまた文明的にもはるかに劣っていると考えるに至る。進駐軍は、日本上陸後わずか数時間にして自己発電により無電を設置し、翌日にはトラクターで焼け跡の整備に取り掛かったのである。横浜市関内のある町内会長は、「口惜しいけれど全く感服の外はない。日常の彼等の生活を見ても実に能率的である。我々国民も彼等に学ぶ所多々あると思う」と書いた(8)。一方、占領軍の「物質文化の力」に初めて遭遇した人々の姿を東京の新宿で目撃した山田風太郎は、その様子を日記に生き生きと描いている。

新宿伊勢丹裏の焼野にラッセルのごとき軍用車、土捲きて馳り怒涛のごとく街路に土の雪崩を落とす。起重機に似たる鉄柱立てたる別の車、巨大なる鉄桶にこれをすくい上げ、また別のトラックの上に移す、トラックはこれを載せていずくにか去る。日本人人夫ならば数十人終日かかる仕事量を、一車一人の米兵チューインガム嚙み煙草ふかしつつ瞬刻の間になすを、花園神社の焼け落ちし大いなる欅の下に日本人の群、茫然またにやにやと呆れ果てたる笑い顔にて見物す(9)。

アメリカに対する日本人の評価は、戦時中のそれから一変した。岐阜県の県会議長はマッカーサーに宛てた手紙のなかで、「世界ノ平和ト世界ノ文明ヲ創ルモノハ貴国亜米利加デアルモノト貴国ノ偉大サヲ賛仰シテ止マナイモノデアリマス」と書き、アメリカを礼賛したい気持を訴えた(10)。また、岡山市在住の六二歳のある老人にとっても、アメリカは憧れの国となり、二一年二月、日本の将来と子孫の幸福のために日本をアメリカの属国にして欲しいと切々と訴えた手紙をマッカーサー宛に書いた。

謹啓誠に申兼ね候へ共日本之将来及ビ子孫の為め日本を米国の属国となし被下度御願申上候　私〔ママ〕しの考へでは如何なる人物が大臣となり何人が政府を定めましても国民の事考へ呉れず　日本人は全部自己の為のみ考へます〔中略〕米兵は親切でありります〔中略〕噂ト違ひ悪い事一切せず　日本が悪い事して居るから米軍が無茶をすると我等をだまし実際は甚だ日本人より親切でありま(11)す

当時日本人がマッカーサー宛てに書いた手紙のなかで、日本をアメリカの属国にすることやアメリカの一州にすることを真剣に求めた手紙は、決して例外的なものではなかった。その種の手紙のなかには、日本国民はすでに「准米国民タル以上ハ一切ヲ挙ゲテ米国化スル」のがよいとするものや、「国民の八五％以上は貴国政府の支配下に入ることをどれほど待望してゐるか判りません」と断定したもの、「アメリカ人の手で日本の国が治められたら私共は幸福です」と書いたものなどがあった。[12] しかも、そうした意見は必ずしも知識の乏しかった庶民に限られたものではなく、たとえば、東大を卒業して菊池寛と並ぶ人気作家となり、戦時中は日本文学報国会の事務局長でもあった久米正雄も、「日本米州論」なる一文を草して、日本はアメリカの第四九州となる方が幸福であると説いた。[13] やはり、二一年二月にかなりの教養と社会的地位をもつ人物によって書かれた次の手紙も、日本の全てをアメリカに託す「米日合併」の必要を綿々と書き綴ったものであった。

今更ら乍ら恥しくも日本国民はあらゆる点に於て到底貴国に遠く及ばざることを沁々と感じて居ります　日本国民は今になって始めて貴国の進駐軍を介して貴国の勝れて居ることを知り何故に斯様な偉大なる貴国を相手として無謀な戦争を始めたるかを心から悔ひ而して貴国に対する尊敬の念を愈々高め、将来真に信頼して日本の国を託することの出来るのは貴国あるのみであることを確信し　閣下に対する尊崇の念は日本天皇に対しての尊崇の念の如く形式的ではなく真に心からの敬服、尊崇の念を懐いて居ります〔中略〕私は周囲の人々と論じて見ました。彼等は皆望み得べくんば若し事情が許されるなれば日本の国の全べてのものを貴国に託して貴国の御賢明にして宗教的なる御指導を仰ぐ〔ママ〕即ち米日合併をして頂いてこのおぼれる日本国を救って戴けることが出来たなら日本国民は如何程幸福であろうかと皆異句同音に切なる望み願望を懐いて居ります　これは偽らざる事実でございます　おそらく現在の日本国民は誰も彼も米日合併により て何も彼も貴国に捧げて貴国の御慈悲によりてこの日本国を再び繁栄に導くより他ないと口には言はずとも肚の底には懐いて居ることは疑ふ余地はありません　真に然り　私は貴国が枉げて日本を合併して下されることによりてのみ日本は救はれるのであると確く信じます。[14]

敗戦後の日本人の考え方や価値観の変化は、まさに劇的なものであった。この時代を体験した鶴見俊輔は、のちに著した本のなかでこう回想している。

天皇の名前を持ちだしても、総理大臣の名前を持ちだしても、権威として通用しない時代が来た。化粧品や薬の広告には、「アメリカではこういうことになっている」という宣伝文句が用いられ、満員電車では運転士の乗っているところまで乗客が入りこんで運転の妨害をしないように、「進駐軍の命により運転士室に入ることは禁じられています」という掲示が出された。マッカーサーの名前を出さなければ交通道徳も守れない、うそのような時代だった。(15)

鶴見のいう「うそのような時代」におけるあまりにも激しい変化は、少なからざる人々をして唖然たらしめた。当時一八歳の青年であったのちの作家吉村昭も、その変化に呆気にとられた人間の一人である。彼は、敗戦よりもむしろ日本人のそうした変化の方に驚き、「人間不信が胸の奥深く根を張った」とのちに回想している。

敗戦は、私が十八歳の昭和二十年八月十五日。思いもかけぬことで呆然としたが、最も驚いたのは、それまで戦争遂行と戦意昂揚を唱えつづけていた新聞、ラジオ放送の論調が一変したことであった。日本の推し進めてきた戦争は罪悪そのものであり、日本国民を戦争に狩り立てた軍部の罪は断じて許しがたい、と。その論調に戦時中、多分に軍部に協力していた節がある文化人と称する人たちが同調し、戦時中のことを全否定する文章をつづり、それが新聞、雑誌にさかんに発表された。私などは、戦争は自分をふくめた日本人すべてが勝利を念じて努力し継続していたものと思っていただけに、敗戦と同時に手のひらを返したようなそうした風潮に呆気にとられ、人間不信が胸の奥深く根を張った。(16)

一方、山田風太郎は、その日記のなかで豹変した日本人の姿をユーモラスに描いている。もともと医者の家に生まれながら、少年時代にすでに両親をがんで失っていた山田は、この頃は医者になるべく、必ずしもしっくりとは行っていなかった伯父から学資の援助を受けながら東京医学専門学校に通っていた。昭和二一年一月故郷の兵庫県養父郡関宮町に帰省した山田は、たまたま伯父のところに占領軍のアメリカ兵が検分に来たところに居合わせ、その検分の様子を持ち前の冷静さと透徹した洞察をもって描き出した。

米兵一人通訳警官を従えて薬局検分に来る。麻薬を調査の為也。土足のまま上り来る。家内震動し、遠き窓より妹、女中二人こわごわ覗く。叔父急ぎ洋服に着換えて緊張せる顔にて案内す。[17]午後また米兵二人、通訳一人、八鹿署長、当村駐在巡査ジープにて来り薬局を検分す。家中恐惶、土蔵の中も片づける、薬置部屋も整頓す、一部の薬は隣の安木酒造屋に運び置くという騒ぎ也。麻薬押収の為なり。幾分残さねば却って疑わるる恐れありとて残し置けるもの、ヘロイン三、モルフィン三、押収さる。「合衆国政府の命令に依りランディス軍曹押収す」とのメモ残し、サヨナラサヨナラといいて還り行けり。妹、薬局の娘二人窓より顔並べて恐る恐る覗くに、オーキニと愛嬌ふりまく。[18]八月十五日激昂に「八万四千の毛穴より熱血を吹きたる」叔父「またお暇の節はお遊びを――」などいう。滑稽也。

日本の敗戦は、幕末の黒船来航の時の衝撃の再現であったともいえるが、この時の日本人の外国人との交渉の範囲と速度は以前とは比較にならないものであり、その範囲は、いままで外国人との自然な交流の経験をほとんどもたなかった一般の庶民にまで広く及んだ。[19]その意味で、山田の叔父が、検分に着たアメリカ兵に「またお暇の節はお遊びを」などと至極滑稽な態度をとったことは全く理解できないでもないが、しかし山田は、男であれ女であれ、また大人であれ子供であれ、日本人が占領軍に対してあまりにも卑屈になってしまったことを怒った。そして、山田によれば、彼が今生きている世界は、「前途に全く光のない暗黒の惨澹たる日本」である。伊藤整は、敗戦前の昭和一八年に「生きていることははかないから死んでもいいとは思うが、若し子供等が生き残ったら敗戦国の国民として生活させたくはない、とこれはまたひどい執着で思う[20]」と日記に書いたが、山田によれば、自らが生きることになったまさにこの時代こそが、伊藤のいう意味でのそうした断末魔の世だ、ということなのであろう。

山田は、日記にこう書いている。

今の日本の新聞は何処の国の新聞か分らない。今の日本の壇上で叫ばれる口、今の日本の紙に書きなぐられる筆は何処の国のものか分らない。寂しい。寂しい。あんまりひどい。あんまり惨めだ。「生きる」為の手段というか？　それにしても、本土決戦の日には、悉く国民義勇隊たるべきであった日本人の中に、こんな人間がウヨウヨしていたとは、それでは敗北するのが当り前だ。吾々は、今「国民の声」として新聞に罵られ続ける巣鴨収容所の囚人よりは、それを罵る権利あるは吾のみといった顔をして鬼の首でも取ったようにのさばり出る「戦争傍観者」を憎む。そういう卑怯者、売国奴どもばかりが、今日本せましと吼えまくっているのだ。そして無智な大衆は、昨日天皇を叫び、国と共に殉ずるの歌を高唱した同じ口で、今日は軍を呪い、マッカーサーに媚びている。戦争が正しいとは思わない。それは人類の悲劇だ。しかし人類は戦わねばならぬ時がある。戦うべき時に戦わないのは、更に恥ずべきである。神の目から見たら「戦うべき」時などはないであろう。戦争の口実は許されないであろう。しかし吾々は神を相手に戦ったのではない。アメリカ人を相手に戦ったのだ。アメリカ人が悪いから戦ったのではない。しかし日本も悪いから戦ったのではない。戦いはそれ自身は「悪」であろうが、戦う人間は互いに「悪」を超越している。戦うべき戦いを戦って、吾々は敗れた。「悪」のせいではなく「力」のせいである。そうして吾々はこの前途に全く光のない暗黒の惨澹たる日本に生きている。聞こえるものは飢餓の呻きと「戦争犯罪人」への罵倒と、勝利者への卑屈な追従の声ばかりだ。(21)

山田は、新憲法の制定については、「戦争は永遠に放棄。痴人のたわごと」(22)と批評し、極東軍事裁判を「人類的喜劇」(23)と断定した。そして、彼は、次のような場面を日記に書き記し、最後にこう結論づけた。「やっぱり日本人はあわれむべく軽蔑すべき民族だ。とても世界を統禦するに足りる器ではない。負けるまではまだ見所があった。負けてからの態度は――進駐軍に対して、日本人同志に対して、ありゃ一体何だ。卑屈を前者に、残忍を後者に」(24)。

勇太郎さんと高須さんの兄上と地下鉄で浅草へ。渋谷あたりでは霰のようだった粉雪が浅草では烈しい雪となった。地下鉄中で五、六人のニグロ兵が周囲の日本人に煙草をすすめて、車内の No smoking の掲示を尻目にプカプカ吹かしている。日本人共はペコペコ頭を下げて一本ずつ頂戴している。(25)

新宿のマーケットの肩々相摩す雑踏の中をぶらぶら進駐兵が歩いていると、ぽんとその手を叩いたものがある。振向くと痩せた汗じみた菜ッ葉服の日本の少年が「ハロー」といってにやりと笑った。別に何をくれというのでも無かったらしい。唯、無智な、単純な子供心に国民大衆の今の風潮が結晶してこういうしぐさとなって現われるものと見える。後を歩いていて、俺は「坊主」と呼んだ。少年はきょろきょろして俺の顔を見た。「坊主、みっともねェ真似するんじゃない！」といって俺はその傍を通りすぎた。少年は恥ずかしそうにまたにやりと笑った。(26)

省線のフォームへ出たら進駐兵が三人ぐでんぐでんによっ払って、フォームの天井から下がっている「京都」だの「省線電車のりば」だののガラス板を飛び上って、拳で割って廻っていた。ガチャガチャンと凄じい音をたててフォームにくだけ散る破片――アッハッハッハッ！　と獣のごとき進駐兵の笑い声――フォームの日本人にやにや弱々しい微笑浮かべて見るのみ、これをせめるものは愚か怒りの表情を浮かべている顔さえない。進駐兵のよろめきゆくところ皆コソコソに逃げ廻る。実に徹底的に自信を喪失した日本人である。駅員が来て、この破片を足で蹴飛ばして集めかけたが、結局箒で掃き集めだした。(27)

敗戦後の日本人のアメリカに対する卑屈な態度を危惧したのは、山田一人だけではなかった。大佛次郎は、「世相は戦時中と同じく軽薄で過激な形相を呈している。亜米利加の強引な民主化政策はわかるが一せいに尻尾を振っている日本人が安易過ぎ危っかしいのである(28)」と日記に記し、一方永井荷風は、衆議院選挙で候補者の演説を聞いた時、「其の言ふところ西洋人向ホテルの番頭の挨拶の如く、又明治のむかし横浜に在りし商館番頭のお世辞に異らず、一国の人民一たび戦に敗るるやかくまで卑屈になり得るものかと覚えず暗涙を催さしむ(29)」と記した。荷風は、日本人の将来についてとりわけ悲観的だった人間の一人であり、別の日の日記には、「日本の社会は根底より堕落腐敗しはじめしなり、今は既に救ふの道なければやがては比島人よりも猶一層下等なる人種となるなるべし(30)」と書いた。また、森田草平は、政治家や新聞論調が「如何にも安々と、何のこだわりもなく英米追随に変ってしまった」ことについて、「一体日本の国民というものは、無神経か軽薄か、痴鈍か悧巧なるか。訳のわからぬ国民なりというべし」[31]と日記に書いた。

さらに、この時期八〇歳を超えていた言論界の長老徳富蘇峰も、日本人のあまりにも急激な変節に怒った。そして、敗戦以来一貫してその鬱憤を日記に書き続けたが、彼は、二一年に入る頃には、日本人に対する批判の言葉とともに、絶望の言葉さえ口にするようになる。

正直の所が、我等は日本人に対して、殆ど幻滅を感ぜざるを得ない。若しそれが証拠を出せといわば、遠く求むるに及ばない。昭和二十年八月十五日以前の新聞と、以後の新聞とを比較せよ。それで沢山である。同じ日本でありながら、その言う事為す事、かく迄も相違するか。宛かも一日の差は、百年を隔てても、かく迄はあるまいと思わるる程の変化がある。さればアメリカ人が、この劇変を見て、これは眉唾物と考え、油断をすれば、アメリカ人を欺ます為めに、かく化けたのではないかと、且つ疑い、且つ驚き、且つ怪み、且つ躊ろうている所以は、彼等の立場としては、強がち不思議ではあるまいと思う。しかし若しこれが、日本人が殊更に化けたものと考えるのは、買い被りである。事実日本人は、化ける程の余裕を持っていない。また化ける程の遠謀深慮も持っていない。昨日は昨日、今日は今日、その時その時に対応して行くだけの事である。[32]

自分は米国人に向って、何等申す事はない。彼等は敵である。敵が我に向って、敵意を挟むは当然である。敵が戦勝者の権利を、極端まで行使して、我を極端なる悲境に陥れんとするも、我としては喜ぶべき事でもなく、有難き事でもないが、致方なき事として、諦むるの外はない。しかし我が日本人が、その先棒となって、敵の虐意を助長し、日本撲滅の急先鋒となるが如きを眺めては、とても勘弁の出来るものではない。日本を亡ぼすものは、米人ではない。日本人である。予をして言わしむれば、米人が勝ったのではない。日本人が負けたのである。[33]

入江隆則は、蘇峰が日本の言論界の豹変に憤慨したのは、当時日本の全ての新聞や雑誌が占領軍の検閲を受けていて、言論界には他に選択の余地がなかったことを知らなかったからではないか、といっているが[34]、いずれにしても、新聞の論調の劇的変化に象徴されるこの時期の日本人のあまりにも急激で迅速な変化は、当時の人々のみならず歴史を学ぶ今の人間をも驚かせるものがある。結局のところ、入江のいうように、この日本の戦後は、厳重な言論検閲体制の下で敗者の思想改造が完全に成功したという意味で、歴史上かつてのどんな戦後とも異質で、ほとんど稀有なタイプの戦後であったということになるのであろう。入江によれば、日本にはもともと「言葉よりもまず実行」などという格言があるように、日本人には発言された言語や書かれた言語を軽視しながら、同時にその言葉に支配されるという伝統的な弱点があり、アメリカの占領下でも、プロパガンダに弱いというその弱点が露呈してしまったのだという。また、日本人は原理・原則としての言葉にあまり信を置かず、もともと実際的かつプラグマティックに現実を処理する民族であり、戦争の原因や経過についての哲学論争や神学論争を占領軍と戦わせて無駄な時間とエネルギーを消耗することを避け、承知の上で勝者としてのアメリカという長いものに巻かれることにしたのではないか、と説明する。[35]一方、山室建徳は、物量頼みのはずだった敵国アメリカを支える精神を自らが器用に取り入れ、戦後の与えられた状況に柔軟に適応して大変貌を遂げた点に、たとえ国土を占領されても屈しない頑固なベトナム人やイラク人のもち得ない日本人の「日本人らしさ」を見る。[36]

（1）伊藤整『太平洋戦争日記（二）』（新潮社、昭和五八年）一三一〜一四頁。
（2）伊藤整『太平洋戦争日記（三）』（新潮社、昭和五八年）一四四頁。
（3）細川護貞『細川日記』下巻（中央公論社、昭和五四年）一八頁。なお、山田風太郎は、日本女性が「アメリカニズム」に陥るその原因は、女性の「虚栄心」にあるのではないかと見ている（山田風太郎『戦中派焼け跡日記』小学館、平成一四年、四三〜四四頁）。
（4）永井壮吉『荷風全集』第二五巻（岩波書店、平成六年）三六九頁。
（5）同右、三七一頁。
（6）同右、三七一〜三七二頁。

（7）ジョン・ダワー（三浦陽一、高杉忠明訳）『敗北を抱きしめて　第二次大戦後の日本人』上巻（岩波書店、平成一三年）三四〜三六頁。
（8）川島高峰『敗戦　占領軍への50万通の手紙』（読売新聞社、平成一〇年）六二頁。
（9）前掲『戦中派焼け跡日記』二四三頁。
（10）袖井林二郎『拝啓マッカーサー元帥様　占領下の日本人の手紙』（中央公論社、平成三年）二八頁。
（11）同右、三〇頁。
（12）前掲『敗戦　占領軍への50万通の手紙』一七頁。
（13）前掲『拝啓マッカーサー元帥様　占領下の日本人の手紙』一〇七頁。
（14）同右、三四〜三六頁。徳富蘇峰は、昭和二一年二月の日記のなかで、アメリカの雑誌で日本人の合衆国属国論が報じられたことにふれ、「まさか日本人にも、日本を挙げて、米国の属領となる事を、希望する者もあるまいが、しかし近頃の所謂るデモクラシー風なるものは、油断をすれば、飛でもない所に吹き付けて来るように察せらるる」（『徳富蘇峰終戦後日記II』講談社、平成一八年、五七頁）と書いたが、事実は、この蘇峰の推測をはるかに超えていた。蘇峰がこの文章を書いていたちょうど同じ頃、すでに少なからざる日本人がマッカーサーに直接手紙を差し出し、日本をアメリカの属国にしてくれるよう哀願していたわけである。
（15）鶴見俊輔編著『日本の百年9　廃墟の中から』（筑摩書房、平成二〇年）四二二頁。
（16）吉村昭『東京の戦争』（筑摩書房、平成一八年）一六〇頁。
（17）前掲『戦中派焼け跡日記』七頁。
（18）同右、一一〜一二頁。
（19）紀田順一郎『横浜少年物語』（文芸春秋、平成二一年）一七二頁。
（20）前掲『太平洋戦争日記（三）』四一頁。
（21）前掲『戦中派焼け跡日記』二六〜二七頁。
（22）同右、一一〇頁。
（23）同右、一七四頁。
（24）山田風太郎『戦中派闇市日記』（小学館、平成一五年）二四七頁。
（25）前掲『戦中派焼け跡日記』七七頁。

(26) 同右、七九頁。
(27) 同右、三七七〜三七八頁。
(28) 大佛次郎『敗戦日記』（草思社、平成七年）三四五頁。
(29) 永井荘吉『荷風全集』第二五巻（岩波書店、平成六年）四二八頁。
(30) 同右、四三四頁。
(31) 森田草平『森田草平選集』第五巻（理論社、昭和三一年）一三七頁。
(32) 前掲『徳富蘇峰終戦後日記Ⅱ』一二九〜一三〇頁。
(33) 『徳富蘇峰終戦後日記』（講談社、平成一八年）一七二〜一七三頁。山田風太郎は、蘇峰の見解に共感を寄せていたらしい。大正時代憲政擁護運動で活躍し「憲政の神様」と称された尾崎行雄が、この時期「議会政治の父」などとして再び世間の脚光を浴びていたが、山田は、尾崎のような過去の人を今さらかつぎ回っている人々のことをいまいましく思っていた。彼は、尾崎と蘇峰を比較して、日記に次のように書いている。「吾々はマッカーサーを憎む。時局便乗者を蔑む。たとえ便乗者でなくとも祖国の敗北により一点の喜色を示したものを嫌悪する。咢堂のごとき老ぼれは早く死ねばよいと思う」、「尾崎咢堂が神様扱いにされて自分でもその積りで得意満面なのは笑止千万だ。その真価は、今に吾々が書いてやるが、それまでに、この老ぼれが神様のつもりで往生してしまうであろうことが、残念である。蘇峰の眼は、案外確かである。『孔雀のごとき無能と虚栄心！』その蘇峰は今や戦争犯罪人となって牢獄に入っている。少くとも蘇峰の方が咢堂などより偉大である。この頭のボケたモーロク爺いを真っ先にかついで、日本が地獄の穴へ進んでゆくところは、確かに刺すような苦笑を浮かべさせる漫画であろう」（前掲『戦中派焼け跡日記』一〇五、一二〇頁）。
(34) 入江隆則『敗者の戦後』（筑摩書房、平成一九年）三八九〜三九〇頁。
(35) 同右、三七三〜四一〇頁。
(36) 山室建徳『軍神』（中央公論新社、平成一九年）三四〇頁。

第一〇章　持続する平等

山本七平も、敗戦後の日本人の変節を痛切に感じた人間の一人であった。山本は、抑留生活を終え「昭和二二年、フィリピンから帰って最初に私が感じたことは、そのことであった。多くの人は、進駐軍に拝跪し、土下座して、わずか二年前の自分の姿を全く忘れたように自己をアメリカと心情的に同定して、戦前の日本人を『劣れる亜日本人』と蔑視していた」と述べている(1)。しかし、山本は、そのことを日本人の変化とは解釈せず、むしろ戦中から戦後に至るまで残念ながら日本人に一貫していた、したがって「反省力なき」日本人の際立った特徴だった、と理解する。彼のいう戦中から戦後にかけて一貫していた日本人の特徴とは、「自己を絶対化し、あるいは絶対化したものに自己を同定して拝跪を要求し、それに従わない者を鬼畜と規定し、ただただ討伐の対象としても、話し合うべき相手とは規定しえない」ということである。山本によれば、その点においては、日本人は戦中も戦後も変わっていないのだという。彼は、『日本はなぜ敗れるのか』と題した著書のなかで、日本が敗れる理由として「日本文化に普遍性なき為」と「一人よがりで同情心が無い事」を挙げ、こう述べている。

言うまでもなく普遍性はまず相対化を前提とする。それは相手が自分と違う文化的基準で生きていることを、ありのままに当然のこととして「知ること」からはじまる。もしそれが出来ないなら、自分だけが人間で、他はすべて人間でないことになってしまう――鬼畜米英・鬼畜フィリピン人・鬼畜日本軍と。そしてそれは「一人よがりで同情心が無い事」であり、その人間が共感や同情らしき感情を示す場合は、何らかの絶対者に拝跪して、それと自己を同定して自己絶対化を行なう場合だけである。だがこれは、本質的には共感でもなければ同情でもない。

山本によれば、結局、日本人は「自己の文化を再把握し、言葉として客体化して、相手に伝えることはできなかった」し、その自己絶対化の範囲から出た他者に対しては「『劣れる亜日本人』とみる蔑視の言葉」しか吐くことができなかった。そして、彼は、「この奇妙な態度は、戦後の日本にもそのままうけつがれた」と断定する。(2)

こうした戦中戦後の一貫性という山本の議論に加えて、日本人がその忠誠の対象を日本軍から占領軍に切り替えたという点では確かに「変節」であったとしても、しかし、日本軍であれアメリカ軍であれ、通常の政府を超越した軍なるものに自らが望む「平等」や「公平」の実現を期待し、その実現に拍手喝采したという点で、日本人は敗戦前も敗戦後も一貫していた、という議論も成立するように思われる。昭和一九年頃から総力戦体制の下で急激に増大していた社会の平準化圧力は、敗戦によって止むことはなかった。人々は、敗戦後も敗戦前と全く同様に、平等の実現を強く求めた。敗戦直後に東北の田舎の一農民からマッカーサー宛てに書かれた次の手紙は、天皇の戦争責任に関して述べられたものであるが、この手紙のなかで、「戦犯とし逮捕し死刑も止むを得ない」人々のなかに、重臣や軍閥、官僚と並んで「五十万円以上の富者」が加えられていることは、非常に意味深長である。すでに述べたように、そもそも有産者は、総力戦体制の下でひどく痛めつけられ圧迫され続けたいってみれば被害者だったはずであるが、それが、この農民には、総力戦を担った軍閥や官僚と同列に罰せられるべき対象として捉えられている。

此際天皇は全責任を負ふて戦犯者となられる事に何の矛盾があろう　然し天皇の謀議に参与して天皇をしてかくあらしめた重臣軍閥官僚財閥も又大なる責任はある　殊に五十万円以上の富者、代議士、佐官以上の軍人、高等官三等以上の官吏等は根こそぎ戦犯とし逮捕し死刑も止むを得ない　然らざれバ彼等は今后二十年の間に再び立つて国民を天皇の名のもとにせん動し戦争を始めるであろう　農民はもう戦争にはあきあきした　楽しく生活出来ればそれでよいのだ　たとへ天皇がなくとも腹一杯御飯が食べられたのしい生活が出来ればそれでよいのだ　マッカーサー元帥よ　大物の戦犯の逮捕もよいが佐官以上の若い軍人や代議士貴族あたりを根こそぎやつていただかないとどうして中々日本には軍閥の魂がたへません(3)

また、食い物の恨みは恐ろしいというが、敗戦後日本人からマッカーサー宛てに書かれた手紙のなかには、戦中もまた戦後の今も警察や旧軍人らがうまく立ち回り、酒や食料品が庶民に公平に分配されていない実情を、切々と訴えたものが見られる。

愚私のみで無く心あります者ならば必ず只今の日本の上々の方のやり方を恨むでせう　戦争たけなわの時も戦後の只今もなほあらたまらぬは警察署の上々の者軍人の尉官の方々等私の近くに居りますが警察の者は自働〔ママ〕車にて酒ビールを箱で何箱として部下に持たせ来れり軍人も又同じ酒食料品等を数々と持たせて帰宅させる等々〔中略〕結〔ママ〕して戦争で家を失しても少しも恨んだり悲しんだりは致しませぬ　ただ上々の方が位いまかせ御金にまかせて妾を起〔置〕き闇で高い者〔物〕を買い限り無いまでのぜい沢に暮して居ります事でございます〔中略〕何卒戦争犯罪者を貴方様の御力で何とでもしてやつて頂き度いと存じます(4)

さらに、昭和二〇年一一月に「O・H生」と称する人物からマッカーサー宛てに書かれた手紙は、マッカーサーに究極の「平等」について説いたものであり、もし我々貧乏人が餓死するのならば、「イツソノコトB二九ニ焼カレタ様ニ金ノアルモノヤ食物ノアルモノダケガ生キ残ルコトノナイ様」にすべきだ、と書いている。

閣下ヲ我々ハ平和ノ救世主ト敬ツテ居リマシタノニ食糧ノコトハ何トモ話サレマセン　我々ハドウセ来年ノ五・六・七

月頃ノ端境期ニナツタトキ餓死スルナラ、イツソノコトB二九ニ焼カレタ様ニ金ノアルモノヤ食物ノアルモノダケガ生キ残ルコトノナイ様本当ニ日本ノ全土ヲ焦土スルタメ着々ト我々同士一同準備ヲシテ居リマス〔中略〕モウ我々ハ日本ガ民主々義ニナルナラナイハ眼中デアリマセンソレヨリ生キルノガ一杯々々デス〔中略〕ドウカ一日モ早ク閣下ノ御英断ヲオ願ヒシマス　我々ハ希望ナキ平和デアル　我々ノ同士モ密カニ千五百万人程オリマス　ヤレバヤル決心デアリマス(5)

その他、当時マッカーサーに宛てて書かれた手紙には、かつて配給制度の公平や平等が実現できなかったことを怒り、そうした結果をもたらした元凶と人々が考える、その元凶の除去を、マッカーサーに期待する内容のものが多かった。

何となれば彼天皇は配給制の上に超然として暖衣飽食し皇族之に倣ひ宮家事務官は之が恩典に預り総理、重臣は凡て配給以外に立つ　斯くの如き状態なれば部下の不正を注意することも出来ず故に日本の配給制度は絵具をぼかしたる如く公平にできず一般国民は飢餓に瀕するのである。彼は国民の富を奪ひ已れ〔ママ〕一族は言語に絶する贅沢をなし来りし者なり。〔中略〕何卒断乎として不義不正を破って下さい。天皇を戦争犯罪として第一に厳罰して下さい。(6)

天皇は廃止すべきです〔中略〕一、皇族や華族も廃止すべきです〔中略〕一、戦争犯罪人は少くとも十万人はあるでせう　民間人にも多数あります　指導者階級は全部です　悉く死刑に処すべし　但し下層級の犯罪は上官の命令なれば許してやるべきと思ひます　一、日本を永久に占領すべし　なるべくならば植民地にして下さい　貴国兵が引揚げれば再び悪者達が人民を苦しめます　徹底的に各界の首脳部をやっつけて下さい　一、日本人は敗戦を心から喜ぶ　一、県知事、市町村長、町会長、部落会長、警察官吏……も戦争中人民を強制的に苦しめました(7)

以上のマッカーサー宛ての手紙だけではなく、新聞の投書欄に載った一般の人々の文章のなかにも、戦時中から続く平等という価値への強い希求を表現したものが見られる。昭和二一年八月の朝日新聞の「声」欄に投稿した京都に住むある無職の男性は、戦災者と非戦災者との間にある不平等を問題とし、「非戦災者に幸福税を課せ」と訴えている。

軍需補給の打切りに伴ってわれら戦災者の戦争保険もいよいよ打切られることになった。戦争に完敗したのだから、打切りは当然のことで、われらは五万円でも政府が補償してくれることに対して全く感謝に堪えない。がしかし、焼けた者と焼けない者との差が余りにも大きいことにいささか割切れないものがある。最近の高物価では五万円でどんな家が建てられるだろう。どれくらいの物資が買い得られるであろうか。ちょっと考えてもらえばわかることだ。一体、戦災者のどこが悪いというのか。ただ運が悪かっただけだ。戦争による損害は当然全国民が公平に負担すべきであるとすれば、この不公平は今度の財産税で調整してもらうよりほかに方法はない。

こう書いた上で、この男性は、戦災を免れた一切の不動産を時価で評価して「幸福税」と名付けた税を課し、そこから得られた財源を戦災者や引揚者の援護に当てるべきだ、と提案した。(8)

また、同じ朝日新聞の「声」欄に掲載された文章であるが、東京に住むある会社員が、いってみれば平等の時代に逆行する富裕層の旧態依然とした姿勢を強く批判した文章がある。この会社員によれば、東京都が大邸宅の開放を勧奨し、遊休家屋の申告を促しているのに対し、近所にある屋敷町の大邸宅では、表札をはがして「旅館」や「分工場」などの看板を掲げて偽装している例が見られるという。そして、この会社員は、「世の一部の富豪が、いまだに、がりがりの利己中心の旧観念でこり固まっているのも、呆れたものだ。現今の住宅飢饉を見て、進んで同胞愛を示すだけの雅量と道義心がないものか」と、怒っている。(9)さらに、横浜のある住民は、いっそのことお金持ちのもつ「遊休別荘住宅」を一般の人々に開放すべきだと訴えた投書を、ある新聞に掲載した。

遊休別荘住宅を解放せよ。戦災者は無論の事、県下には相当数の住宅困窮に悩む人々がいま町に村に血眼になって家を求め、これに伴って悪質ブローカーの跳梁と、闇家賃が益々はね上る結果となっている。吾々がこの際に住宅不安に深刻な悩みをもっている一方、鎌倉、逗子、大磯、小田原等の地方に同胞の悩みを外に各名士の所謂「別荘」なるものが如何に多く存在している事か。その広大な邸宅には僅か一人か二人の使用人が、ぼんやりと留守番をかねて住んでいるにすぎない。もしこれを広く解放してくれたら、これによって何百人かの人が救われるか分らない。(10)

一方、横浜で銀行員をしていたものの自宅を焼かれたため、昭和二〇年六月富山県へ疎開した二〇歳のある女性は、横浜へ居残った者と県外へ出た者との配給の有無をめぐる敗戦後の格差、また富山での被災者と疎開して来た者との間の格差について、憤りを感じた。彼女は、二〇年一一月の日記のなかで、次のように書いている。

戦災者は皆、国の為にはだかにされたのであるから、これに区別は無い筈である。しかるに、焼地に居る者は特別の配給があり、県外へ出た者は無い。誰もかれも焼け出されの困るのは当然、こんな早く敗ける位なら、誰が住みにくい金のかかる疎開をするものか。〔中略〕人間、生にしゅう着は、無理からぬ事。しかるに、当地〔富山〕へ来て、何をくれたか。焼けぬ土地へ来ると口惜しい。人の心がのんきで冷淡だ。富山県では富山市の戦災者へフトンなどいろいろ出してる。我々には何も無い。同じ国の為やかれてどうして区別するのか。フトンや着るもの等一番欲しいのに、ワラゾウリときたないオシンコ入れ。どんな困った人でも、ワラゾウリで外へ出てるか……。使い古しの皿が何になる。実に矛盾してる。(11)

また、戦前から活躍した東京生まれの作家で、昭和一五年と二五年に直木賞の候補にもなった玉川一郎は、昭和二〇年九月の日記に、結局私有地の平等な再配分も当然のことだと書いた。彼は、戦時中から戦後にかけて一貫して続いていた田舎の人々の都会人に対する冷たい仕打ちについて記し、「土地の再配分の考慮さるるもムベ也」と記した。

疎開先掛川在に来る九月四日。農村学童等親達の意志を反映するか、疎開児童に「早く帰れ」等の悪口をなし、残忍と思わるるまでの私刑を加うる由。農業会の者達もまた、米の配給等にあたり「これからは疎開者も自作自給で行くだ」など放言すと。田舎者の頑迷無礼なる事言語に絶す。戦災に遭遇する事なくただただ自己の分け前を削られしごとく思惟する無知さは、今後に重大なる問題を残すと思う。自作自給する土地があれば、彼らごときに叩頭する必要なし。ヤミ値でなくば物資を出さず、又ヤミ値で売り乍ら買う側を暗に罵り、僅かに自己の良心？　の苛責を糊塗せんとする心理は唾棄すべし。土地の再配分の考慮さるるもムべ也。[12]

この他にも、多くの人々が戦時中に引き続き敗戦後にも平等を希求し、そのことを声に出して主張したり、自らの行動で示したりした。たとえば、当時戦争未亡人たちは、軍隊から夫の給金が来なくなり、戦時中のように工場での稼ぎも無くなり、自力で自身と子供たちの生計を立てて行かなければならなくなった。彼女たちは、声をそろえて自分たちの苦しみを次のように訴えた。なぜ世間は私と子供たちに冷たくするのか、と。また、旧将校や軍人たちが軍の物資を横領している時に、なぜ戦争未亡人たちが飢えなければならないのか、と。さらに、本土で動員解除になった兵隊たちは退職手当と配給米と衣類を受け取ったというのに、自分と子供たちには死が待っているだけだ、と。[13]一方、こうして旧将校や軍人たちと自らを比較して平等を要求した戦争未亡人たちとは別に、敗戦直後、学校の先生たちをその地位から引きずり降ろした生徒たちもいた。

すなわち、水戸市のある高校の生徒たちは、授業をボイコットして「軍国主義的恐喝教育」を行なったとする校長を辞職に追い込み、全国の人々の関心を呼んだ。[14]そして、東京では、昭和二〇年一〇月私立上野高女の四年生が、学校批判のストライキを行った。目的は、生徒が毎月一円の農園費を納め農作業をしている学校農園を、校長一家が私物化していたことへの抗議であり、生徒たちは、もし農園が私有なら今までの労働と精神的損害への償いを、また公有なら隠蔽農作物の公平な分配をせよとの要求を行った。この学校のストライキは、結局二〇日ほどの間に父母や卒業生が説得に動員されて切り崩されたが、同じ月の内に全国の男子中学校に飛び火した。たとえば、福島県では、県立保原中学校の四年生一五〇名が、校長や教師に対する不満と、学校農場の収穫物の配給の不公平を理由に同盟休校に入った。また、北海道では、余市中学校四年生が、教員の教育者としての資格を問う内容の他、学校生徒の結晶である食料作物を先生が独占したことや、衣料品の配給が先生第一主義であったことを指摘する建白書を校長に提出して、同盟休校を行った。全国各地で行われたこうした生徒によるストライキの争点は、軍国主義的な教員や暴力教師の罷免要求、勤労動員への謝礼の物品の教員による着服に対する抗議、学校の農場の収穫物の公平な分配の要求が中心だった。(15)

このように、敗戦前国策に協力するという大義名分の下に当局に平等の実現を求めてきた人々は、敗戦後も一貫して、同じ価値の実現を主張したり当局に期待したりした。そもそも、平等をひたすら求め続ける戦後日本人の意識は、昭和二〇年八月の敗戦によってもたらされたのではなく、それは、戦中期の日本人の意識の延長線上にあったものだというべきである。そして、さらにいえば、総力戦下ですでに進行していた社会の巨大な変化、その変化の延長線上に花開くことになるのが、戦後民主主義だったということなのではあるまいか。もっとも、敗戦によって、かつての当局は新しい主に交代し、敗戦直後人々が期待したり要求したりする当局とは、新しく日本の支配者となった占領軍であった。そこで、かつて戦中期に現れた有産者や上位者の存在を許さない大衆の平準化圧力が、今度はアメリカによる占領「改革」を支え、それを積極的に後押ししたり勢いづけたりする役割を果すこととなる。

ジョン・ダワーは、敗戦後の日本人が占領改革に自発的かつ積極的に貢献した代表的な事例として、民法典の改正を監督したアルフレッド・オプラーをめぐるエピソードについて書いている。それによれば、オプラーは、家庭内での男性の優位を法的に保証した家父長主義や家制度を完全に廃止したのは、日本人自身であった、と言ったという。また、オプラーの部下たちも、日本の古い制度を完全に廃止せよと日本人に命令したことはなかった。オプラーは、「日本人が古い制度をいかに憲法の原則に沿って変革してゆくかという点に大きな関心を持ち、事態の行方を見守っていた。そして日本人はわれわれの予測を超えて、より徹底した仕事を成し遂げたのだ」と回顧したという。ダワーによれば、オプラーも他の占領軍関係者と同じように、占領初期におけるアメリカ側の改革に向ける熱意は、「改革を受け容れてゆこうという日本側のきわめて積極的な姿勢」によって補完されていたと見ており、オプラーたちは「われわれは日本側の担当者にあれこれと命令をするのではなく、同等の立場で働けるように最大の努力を払ったのである。そして上からの専断的な命令ではなく、自由な討論や説得そして歩み寄りによって両者の間には合意が形成されていったのだ」と語った。さらに、「命令ではないが命令に等しい強制力」を操ることにたけていたGHQ労働課長のセオドア・コーエンでさえ、日本人は積極的に協力し、その協力ぶりはときに労働課の本来の役割を超える程であったと認めたという(16)。

もともとオプラーは、ドイツで生まれ育った法律の専門家で、日本の民法と刑法の改正全般を監督する任務のために採用された。採用の際の面接で、彼は「私は欧州の事情にはいくぶん通じていますが、日本のことについてはなんの知識もありません」と言うと、面接担当の陸軍大佐は、「ああ、それでまったくけっこうです」、「もしあなたが日本について知り過ぎていたならば、日本に偏見をもっているかもしれません。私たちは、旧世代の日本派を好ましく思っていませんので」と答えたという(17)。ダワーのいうように、そもそもマッカーサー自身が、戦争を除けば日本についてまともな直接的経験をしたこともなく、諜報機関の報告書は別として、広く日本に関する書物を読んでいた形跡もない。さらに、GHQの部下に日本のことを尋ねることはまずなかったし、日本人から直接情報を得ようともしなかった。彼は東京を離れることは稀であり、自らの住宅としたアメリカ大使館と事務所であった第一相互ビルを結ぶ直線から離れることもなかった。そして、彼の東京滞在中、彼と対座して話すことのできた日本人の役人の数は、わずか一〇数名に過ぎなかった。マッカーサーは、自分が頼りとするのはワシントンとリンカーンとイエス・キリストだけだと、よく公言していたという。

要するに、マッカーサーには、日本やアジアに関する専門的知識が完全に欠落していたが、しかしそうであったからこそ、彼は、非軍事化と民主化という占領初期の課題に対してほとんど救世主のような情熱をもつことができたのである。マッカーサーをお手本として、彼の部下だったGHQの指導者たちも、特定の地域専門家とはおよそ無縁であった。たとえば、民政局で重要な役割を果たしたチャールズ・ケーディスは、のちに「私は、日本史、日本文化、日本神話についての知識はまったくなかった」と率直に語った。そして、日常的な業務でも、日本の問題についてわずかなりとも語る資格をもった多くの人々は、意図的に排除されていたという。なぜなら、マッカーサーと彼の部下たちが、こうした人々を望まなかったからである(18)。日本人が、平等という戦中期から渇望していたその理想を実現してくれる者として期待をかけることになったその対象とは、こうしたオプラーやマッカーサーやケーディスに代表された、要するに日本についての知識がほとんど皆無の異国人であった。

オプラーが担当した民法典の改正と並んで、日本人自身の手によって自主的に始められた改革としてよく知られるのが、農地改革である。農林省は、すでに戦時中から自作農創設の方針をとっていたが、農民とりわけ小作農の側でも、その政府の方針を歓迎しそれに期待する動きを示していた。内務省警保局保安課が出していた『特高月報』の昭和一八年一〇月号は、自作農創設をめぐる農民の動向について、こう報告している。

現下農村の再編成こそは喫緊欠くべからざる最重要事なりとして、政府に於ては曩に皇国農村確立促進方策を決定し、更に本方策の一環として自作農創設維持事業の整備拡充要綱を決定之が急速実現を期しつつあり、農民は本方策に多大の関心を寄せ就中小作農民は之が具体策の即急実施を希求し居るの状況なり。一面各地方庁に於ては夫々実施計画を樹立し、地主懇談会・農地委員会等を開催しつつある(19)。

『特高月報』は、また「自作農創設・適正小作料設定を繞り小作農民間には之が急速実現を希求するの余り徒に地主との間に紛議を醸しつつあり」と指摘し、その具体的な事例について詳しく解説している[20]。この適正小作料設定をめぐっては、翼賛壮年団が、その推進のための中心的勢力を担った地域もあった。昭和一八年一二月の『特高月報』によれば、岩手県稗貫郡八幡村では、翼賛壮年団が適正小作料設定ないし小作料減免の運動を展開したのだという。

翼賛壮年団団長永井賢蔵は現下に於ける農村の地位は戦力増強の基底にして自作農創設事業は皇国農村確立促進の為今後益強化せらるるものと思惟し、之に呼応し其の機運の醸成を図ると共に、自村農民が労働賃金の昂騰、小作料の高率等に依り離農する等時局下喫緊の要請たる食料増産に逆行し居る状況に鑑み、之が防止策として適正小作料設定の要ありとして十一月上旬小作料の調査を実施し、更に副団長小瀬川健一をして小作料引下方慫慂を内容とせる趣意書を作成せしめ、地主八〇名に対しては別記（一）を小作人一二〇名に対しては別記（二）の印刷物を夫夫郵送する等適正小作料設定に関し積極的なる運動を展開するに至れり[21]。

八幡村翼壮が地主宛てに出した郵便物とは、「貴下の御貸付致して居る（小作人氏名）殿の小作地は稍高率の様に思考せられます故近々小作人参上御願申す筈ですから宜敷く御両所御懇談の上適当に御決定下さる様特にお願申上げます」と記し、地主に小作料の引き下げを強く迫る内容のものであった。また、小作人宛てに出した郵便物は、「適正なりと認むる小作料」に向けて、翼壮が小作人に協力することを約束した通知であった。こうした翼壮の運動について、内務省当局は「趣旨に於て必ずしも不可とは謂ひ難きも翼壮運動としては行過ぎの感あり」と見て、その動静を注視した[22]。

このように、国内ではすでに戦時中から、自作農創設や適正小作料設定の動きが見られた。そして、敗戦後昭和二〇年一〇月に幣原内閣が成立した時、農林大臣となったのは旧民政党の政治家松村謙三であり、農政局長に起用されたのは和田博雄であった。松村は、もともと完全自作農主義者であり、平沼内閣の農林政務次官をつとめた頃から、自作農の創設を援助する法律に強制力をもたせて農地改革を行うという自らの腹案をあたためていた。一方、和田は共産主義者のシンパとして、戦争末期に企画院事件に巻き込まれ牢獄につながれていた革新官僚である。彼は戦後左派社会党の書記長にもなり、社会党の幹部として活躍することになる。二人は、占領軍総司令部が農地改革の計画をもっていることを知りつつも、自分たちの手で農地改革を実行しようと準備していた。マッカーサーが日本政府宛に農民の解放を指令したのは、松村らがすでに農地改革の原型ともいうべき内容を含む原案を起案した二か月後のことであった(23)。

いわゆる農地改革によって、地主たちは先祖から受け継いだその土地を奪われることになった。愛知県幡豆郡西尾町の加藤伊蘇志は、当時わずか八歳の長男として、祖母、母、妹、弟二人の一家六人の暮らしをたてる責任を負うことになった。彼は、土地を奪われる立場にあった地主の子供の視点から、この時の状況を鮮やかに記録している。

父の葬式のすんだ翌日のことである。家の座敷で、これからの家の方針をきめる親族会議が開かれた。そのとき八歳だったぼくは、なかば好奇心、なかば心配で、ろうかから、しょうじに穴をあけて、なかをのぞいてみた。会議の中心は、『これから、ぼくたち一家は、どうして家計をたてていくか。』ということに集中していた。〔中略〕ぼくの家では、六町の田が、五町三反へって七反、八反の畑が五反へって三反になってしまい、その買収金五万五千二百二十円であった。ぼくたちは、父祖数代にわたる地主生活から、一挙に、その日その日をしんけんに働かなければ、くっていけぬ、小さい自作農になってしまったのだ。それで祖母や母は、無条件で、小作に、あまり安いねだんで政府が自由に売買するので、興奮やら悲しいやらにくらしいやら、不平不満を感じていた。しかし、最後にはあきらめもついたらしい。

〔中略〕日本全国の農民のうち、この農地改革で、幸福になったもののほうが多いのだからしかたがないが、しかし、ぼくの家には、当時、ひじょうに安い値段で買収されてしまう土地にまで、重い財産税をかけられるのがつらかった。父の死、農地改革、財産税がぼくたち一家をひどく貧乏にしたのだが、しかしこうしてぼくたち一家は、遠い祖先から、父までつづいた青白い手を、おおぜいの小作たちの労働によってまもられる生活とわかれて、みずからのひたいに汗して働くものとなったのである。(24)

地主の没落だけではなく、旧華族や宮家の没落も、敗戦前後に社会に漲っていた強い平等志向を象徴する出来事であった。華族等の没落は、戦時中の総力戦体制がもたらした革命的な変化というよりも、敗戦という結果そのものがもたらした不可避的な結末だったといった方が正しいかも知れないが、しかし、すでに戦時中から進行していた平準化という現象、あるいは平等という価値の追求が、眼に見える形で社会的に承認されたという意味ももっていたといえるのでなかろうか。そして、戦後日本では、かつての華族のような特権階級はそもそもその存在そのものも許さないという人々の一般的な嗜好は、多くの人々が、特権階級が所有したような広大なお屋敷が空襲で炎上したことに内心拍手喝采したり、お屋敷に上がって汚すなと注意されてその仕返しに屋内に糞尿をたれたりしたといった、戦中期の日本人の特権階級に対する思いや態度を想起せずに理解することは難しい。

明治一七年に華族令が制定された時、華族の数は、合計五〇九家あったという。さらに、その後日清・日露戦争で手柄のあった者に爵位を与えたため、明治四〇年には華族の数は九〇四家にふえ、昭和二二年五月、新憲法の発布によって華族がなくなった時には、公爵一九、侯爵四一、伯爵一〇七、子爵三六一、男爵三八五、合計九一三家が、その特権を捨てなければならないことになった。鶴見俊輔によれば、もともと華族は自らの手でお金を稼ぐ力を身につけていなかった人たちであったから、激しい生活様式の下落のために家庭の和合が失われ、そのために旧華族、旧宮家の離婚率は国民一般の離婚率に数倍することとなったという。たとえば、島津忠秀公爵家に嫁いでいた近衛文麿の長女昭子は、離婚して指圧治療師野口晴哉の妻となった。また、華頂博信侯爵家では、夫は養鶏、閑院宮家の王女だった妻はダンス教師となって戦後の変動を乗り切ろうとしたが、やがて妻は、社交家である戸田豊太郎と自宅で交渉をもっている現場を主人に発見されて離婚した。さらに、蜂須賀公爵夫妻の離婚、近衛秀麿子爵夫妻の離婚、旧王族の桃山夫妻の離婚などが、珍奇なねたとして当時の新聞雑誌に報道された(25)。一方、皇族も、昭和二二年一〇月天皇一家と天皇の兄弟を除いて、一一宮家五一名に及ぶ皇族が全て普通の人になった(26)。

そして、よく知られているように、特権を失った華族たちの戦後生活の悲哀を太宰治が『斜陽』と題した小説に書いたことから、「斜陽族」という言葉が流行した。実際の斜陽族生活というものがどの様なものであったのかについては、久留米藩二一万石の跡取りとして生まれた元農林大臣・伯爵で近衛文麿のブレーンの一人であった有馬頼寧が、その回想録に克明に書いている。それによれば、彼は財産税を納めるために、屋敷、株券、家具等を売り払ってそれに当てた。なぜ土地ぐるみで家を処分したかといえば、「昔の話に田舎の地主が没落したとき、多くは最初に山林を売り、それから田畑を売りそして最後に屋敷を売るのが通例だが、それは間違っている。世間態をはばかって屋敷を残しておいても生産的なものをなくしてしまえば結局は屋敷も手離さなければならないことになる。それよりも最初に住居を売って生活を縮めるのが本筋だということを聞いて」いたからである。その結果、それまで室数三〇位ある百坪の家に親戚等と一緒に合計五家族で住んでいた有馬は、一八坪四室の元雇人の家に夫婦と老婆合わせて三人で移り住むことになった。

有馬は、ある日の朝家の前を通った小学生から、「有馬さんは元は大きな家に住んでいたのだがいまはこんな小さな家に住んでいるのだよ」と言われた。また、彼は収入の足しにと花を作って販売する仕事を始めたが、それもあまり儲からず、結局雑誌に文章を書くことによってもらう原稿料と揮毫料が、彼の収入の重要な部分を占めた。もっとも、原稿料も揮毫料も、払う方で「お金は失礼だ」という人があり、時々閉口したと有馬はいう。彼は、「失礼でも何でもないのですから現なまで遠慮なくいただきます」と、著書で訴えている。戦後、妻は生まれて初めてご飯をたいたり、掃除をしたりするようになった。また、有馬自身は、以前好きだった野球も映画も芝居も見ることがなくなり、いろいろな会合に誘われてもほとんど出席することがなくなった。その理由は、金がなくなったことと共に、自動車を失って乗り物が不自由になったことだった。その後、戦後一〇年近くたった頃、家が古く雨漏りがしたり根太が抜けたりしながら、修繕費がないためそのままにしておいたところ、七〇歳を記念して周囲の者たちが金を出し合って五〇坪五室の家を建ててくれることになった。ところが、固定資産税の調査に来たあるアルバイトの学生から、建てる家は贅沢ではないかという意味で、「どうしていまどきこんな家に住む必要があるのですか」と言われ、返答に困った。有馬は、「余生いくばくもない身として、友人知己の好意によって静かな生活を送る場所を与えられることを拒否する気持ちにはなれません」と、その著書に書いた。(27)

一方、明治時代から続いた津軽屈指の大地主の家に生まれた太宰治は、『斜陽』である華族の一家の敗戦後の滅びの様相を描いたが、彼が自殺する前年の昭和二二年に書いたこの小説のなかで、太宰は、平等主義の合唱に反発し滅びの姿として自殺を選択した直治という登場人物の遺書として、次のような文章を記した。

人間は、みな、同じものだ。なんという卑屈な言葉であろう。人をいやしめると同時に、みずからをもいやしめ、何のプライドも無く、あらゆる努力を放棄せしめるような言葉。マルキシズムは、働く者の優位を主張する。同じものだ、などとは言わぬ。民主主義は、個人の尊厳を主張する。同じものだ、などとは言わぬ。ただ、牛太郎だけがそれを言う。「へへ、いくら気取ったって、同じ人間じゃねえか」なぜ、同じだと言うのか。優れている、と言えないのか。奴隷根性の復讐。けれども、この言葉は、実に猥せつで、不気味で、ひとは互いにおびえ、あらゆる思想が姦せられ、努力は嘲笑せられ、幸福は否定せられ、美貌はけがされ、光栄は引きずりおろされ、所謂「世紀の不安」は、この不思議な一語からはっしていると僕は思っているんです。[28]

太宰がこの文章を書いた一七年前、スペインの哲学者オルテガは、『大衆の反逆』と題した著書のなかで、「今日の特徴は、凡俗な人間が、おのれが凡俗であることを知りながら、凡俗であることの権利を敢然と主張し、いたるところでそれを貫徹しようとするところにあるのである。〔中略〕大衆はいまや、いっさいの非凡なるもの、傑出せるもの、個性的なるもの、特殊な才能をもった選ばれたものを席巻しつつある」[29]と書いた。ひたすら文学の世界に生きようとした太宰は、おそらくオルテガの著書などは読んでいなかったであろう。しかし、太宰は、ヨーロッパのみならず、日本でも特に敗戦前後に急激に進行していた平準化という現象、あるいは平準化を推し進める大衆社会という現実や平等という価値観が全ての人間に低俗を強制するという真理を、彼特有の鋭い感性で感じ取っていたのではあるまいか。

戦中から戦後にかけて持続した人々の平等に対する希求は、さらに、共産党の爆発的な人気や、野坂参三の延安からの帰国を迎える大衆の熱狂として表れた。敗戦直後、読売新聞社社長に就任し、いわゆる読売争議を通して社内の共産党勢力と渡り合ったジャーナリストの馬場恒吾は、戦後共産党が跳梁を始めた理由は、「日本の民主主義化の一つの行き過ぎ」にあったと述べている。[30]そうした面もあったのかも知れないが、むしろより重要なことは、戦時中から敗戦直後にかけて人々の間に平等を求める一般的な気運のようなものが発生し、それが共産党の唱えた主張や行動と共鳴しながら、そこに、共産党に拍手喝采したりそれを根底から支えたりする巨大な渦のようなものが出現した、ということだったのではなかろうか。共産党が、自らの政治的目的の達成のために、当時の民衆を利用しようとしたことはおそらく事実だったであろう。一方、平等を求める社会の一般的な雰囲気が、共産党の政治行動に秋波を送り、それを支えていたことも見逃すことができないのである。山田風太郎は、昭和二一年一月の日記にこう書いている。

野坂参三今や日本最大の人気者たり。新聞第一面に活躍するは共産党ばかり。彼等に言わせると復員の入党が多い、国民は次第に共産党に好意と共鳴を持ちつつある、イヤ何だかんだと賑やかに宣伝し、先日の日比谷広場における野坂歓迎大会を歴史的とさえいっている。(31)

昭和二一年五月、皇居前広場において「食糧メーデー」と呼ばれる事件が起こった。すなわち、この月の一二日、世田谷区で共産党員一〇〇〇人余りが集まって開いた「米よこせ世田谷区民大会」で、野坂参三が「今こそ直接天皇のところへ行って窮状を訴えよう」と演説したことから、デモ隊が坂下門に押し寄せ、翌々日には二〇〇〇人が再び宮内庁にデモに行って、「天皇の台所を公開せよ」と要求した。それを前哨戦として、いわゆる「食糧メーデー」が五月一九日に挙行されたが、それには二五万人が皇居前広場に集まったと報じられた。このデモでは、「朕はタラフク食ってるぞ。ナンジ人民飢えて死ね」というプラカードが掲げられ、デモ隊の代表が皇居内に入って宮内庁の食堂を視察し、天皇一家の食糧にしては多過ぎるというようなことを宣伝した。この事件は結局占領軍を刺激し、マッカーサーは翌二〇日、これは暴力革命的行為でありこのような暴民デモは許さない旨の声明を発した。(32) 天皇に対してさえ、庶民のレベル以上の食生活は許さない旨の主張や宣伝が、これほど多くの人々の情感に訴えて支持を集めたことは、この時期の日本人の平等志向がいかに強く根深いものであったかを物語っている。

最後に、山田風太郎によれば、いわゆる「戦犯」の追及も、実は、その背後には、戦時中から軍部をはじめとして日本の社会のさまざまな領域において顕在化していた「下剋上の風潮」の表れ、言い換えれば、国民の平等志向や戦争で活躍した者に対する嫉妬ないし恨みが強く働いているのだという。山田は、昭和二一年一月の日記のなかで、「戦犯騒動は実はあらゆる階級職域にわたって、下剋上の風潮の口実である。旧支配力を打倒して新しい力がそれに代らんとする現われであって、責任などの追求ではない」といい切る。(33) そして、彼は東京裁判を「人類的喜劇」と呼び(34)、これまで同じ戦争を戦ってきた日本人が同じ日本人の「戦争犯罪」を追及することの滑稽さを、日記に次のように記している。

「戦争犯罪人」という名ほどわけの分らぬ滑稽なものはない。それでも勝利国アメリカが、日本の将軍宰相連を処刑するなら話は分るが、今、出版界、芸術界、何々界と皆流行のように逆上して戦争犯罪人の詮索に血道をあげているのは笑わせる。戦争責任者というならまだ話は分る。しかし祖国の戦いに国民が協力するのは当然ではないか。それを非協力であったと鼻高々の連中が、裁くの何のと騒いでいるのだから、わけが分らない。下剋上の意味もあるだろう。この敗れたる戦いに活躍した者を恨む心もあるだろう。しかしこの後者の心は間違いである。日本人は一蓮託生、誰が誰を恨む権利もない。(35)

噫、人類と文明が日本歴史を裁く！　何とまた滑稽な話であるか。何故白人が黄色人種を弾圧するのだとはっきりいわないか。結局同じ意味ではないか。「正義の名に依ってマッカーサー元帥に訴う」る新聞記者はいないのか。戦争中軍閥におべんちゃらを使ってばかりいたことを恥じた筈の記者諸君は、今度は外国人たるマッカーサーに、鉄面皮なおべんちゃらを使ってばかりいるのか。(36)

ところで、このように、戦時中から脈々と続く人々の強い平等志向は、敗戦を経ても衰えることなく依然として続いたが、同時に、人間の平準化、つまり高貴なものや傑出したもの、あるいはそれを目指す努力といったものを社会が否定しようとし、人々がいわば低俗を強制されることによって進んでいった人間の精神的下方修正も、敗戦によって止むどころかむしろ一層進展して行ったようである。永井荷風がかつてその日記に記していたように、戦時中の女子事務員が明治時代の下女のレベルにまで下方修正されていたが、それで終わりというわけではなかった。また、山田風太郎が「負けるまではまだ見所があった」[37]というように、敗戦前までは日本人が皆それぞれなりに信じていた日本人なりの「倫理的なものの価値」、それが失われる一方で、アメリカに対する精神的従属が新たに付加されたわけである。こうして、敗戦後の日本には、時として目を覆いたくなるような光景が出現した。

山田の日記には、そうした日本人の姿が生き生きと克明に描かれている。

〔新宿の写真屋ニュー・サンへ〕進駐兵四、五人入りて、女店員の髪をいじりて何か買物す。敗戦の悲しさ余あとに退いてこれを待つ。女の子ら、毒々しき唇よりプリイズとかO・Kとかを乱発し、媚をふくんで応対す。苦笑といわんより彼女らの心情を憐まざるを得ざるなり。[38]

安西、平石と新宿園にてお汁粉とパンをくう。パンパンガール二人傍にあり、吾々より遥かに豪勢に金をつかう。爪にマニキュアし、人目もはばからず唇に紅を塗る。店の女の子、総立ちになりてジロジロこれを監視す。二人泰然自若たり、去りて女店員ら吾にかえれるもののごとく、ヒソヒソ話一せい。パンパンガール一人の方は、相当の可愛らしき美少女なりき、店員ら足もとにも寄れず。[39]

それにしても、若い女性が人前で化粧をすれば、他の女たちが総立ちで一斉にこれをジロジロ見たというのは、のちの時代から見れば、まだそれ程ひどくも無い時代だったということになるのだろうか。もちろん山田が怒っているのは、女性に対してだけではない。彼は東京から兵庫に帰省した際、列車のなかで目を疑う光景に遭遇した。そして、若い日本人たちの「無恥低級」に驚くと同時に、日本人のあまりの変わり様を見て、一人深い感慨にふけらないではいられなかった。

文字通り地獄列車、時にすれちがう進駐軍の列車明るき車内に人の姿稀なり、苦痛地獄のごとく、発狂したくすらなる。闇屋の青年多く、いつもの汽車に見るごとく言動傍若無人なり、網棚上の荷を積み上げて己の横たわるに足る空地をつくり、終夜ヒワイなることを高語す。窓際に一人の青年立ち同伴の娘を始終抱擁す。娘はニキビだらけの顔なり、恍惚たるがごとし。更にもう一人同伴の娘あり、車中中央に立てる四、五人の青少年、ふりかえりて野次る。その中の一人、窓よりフォームに出でて、青年と娘の抱き合える窓より入り、同伴のもう一人の娘をいきなり抱きて頬、頚に接吻す。而して語ること数分にして接吻し、接吻してはまた耳に何ごとか語る、中央の連中声をそろえて歌い出す「はじめは痛いが、だんだんよくなる」云々。而してエノケンの何は面白かりき、松竹の最後の鉄腕はケッサクなりき云々、虚心坦懐に見て彼等の無恥低級なること憐れむに耐えたり。噫、今より二年以前この輩、殉忠無垢の生ける神々として国民崇拝の的たりし特攻隊の少年達にはあらざりしか。曾て予科練の生徒にして今は闇屋とダンスホールに明けくれる輩を見ること一、二にとどまらず。彼等が「人間」なりや。われらが「人間」なりや。(40)

(1) 山本七平『日本はなぜ敗れるのか』（角川書店、平成一六年）一四九頁。
(2) 同右、一四五～一四九頁。
(3) 袖井林二郎『拝啓マッカーサー元帥様　占領下の日本人の手紙』（中央公論社、平成三年）一一五～一一六頁。
(4) 同右、一五一～一五二頁。
(5) 川島高峰『敗戦　占領軍への50万通の手紙』（読売新聞社、平成一〇年）二三一頁。
(6) 前掲『拝啓マッカーサー元帥様　占領下の日本人の手紙』一二一頁。
(7) 同右、一二三～一二四頁。
(8) 朝日新聞社編『声1』（朝日新聞社、昭和五九年）二一八～二一九頁。
(9) 同右、二二六頁。
(10) 横浜の空襲を記録する会編『横浜の空襲と戦災2　市民生活編』（横浜市、昭和五〇年）四二七頁。
(11) 同右、二四五～二四六頁。
(12) 文春新書編集部編『昭和二十年の「文芸春秋」』（文芸春秋、平成二〇年）二九五頁。
(13) ジョン・ダワー（三浦陽一、高杉忠明訳）『敗北を抱きしめて　第二次大戦後の日本人』上巻（岩波書店、平成一三年）六四頁。
(14) 同右、三二二～三二三頁。

(15) 鶴見俊輔編著『日本の百年9　廃墟の中から』（筑摩書房、平成二〇年）一八三～一八七頁、栗原彬「大衆の戦後意識」（『戦後日本　占領と戦後改革』第三巻、岩波書店、平成七年）一八六～一八七頁。
(16) 前掲『敗北を抱きしめて　第二次大戦後の日本人』上巻、三二七～三二八頁。
(17) 同右、二九四～二九五頁。
(18) 同右、二九二～二九四頁、前掲『日本の百年9　廃墟の中から』九七～九八頁。
(19) 内務省警保局保安課『特高月報』昭和一八年一〇月、一六五頁。
(20) 『特高月報』昭和一八年一〇月、三頁、一六五～一六九頁。
(21) 『特高月報』昭和一八年一二月、八五～八六頁。
(22) 『特高月報』昭和一八年一二月、八六～八七頁。
(23) 前掲『日本の百年9　廃墟の中から』三九六～三九七頁。
(24) 同右、四〇五～四〇七頁。
(25) 同右、三八七頁。
(26) 同右、三九二頁。
(27) 有馬頼寧『七十年の回想』（創元社、昭和三三年）三四九～三六五頁。前田利為侯爵の長女として生まれ伯爵家の息子酒井忠元と結婚した酒井美意子も、同じ様な経験について述べている。彼女によれば、「前田家も酒井家も実に財産の九十パーセントを失」い、「何十人もの使用人に取り巻かれ、金銭に手を触れることもなかった生活から、一挙に今日の米がないという生活に突入した」という。彼女は、占領政策は「上流社会を潰滅させた」と述べている（酒井美意子『ある華族の昭和史』主婦と生活社、昭和五七年、一八二～一八三頁）。
(28) 太宰治『斜陽』（新潮社、平成二〇年）一八五頁。『斜陽』に登場するかず子のモデルとなった太田静子の娘太田治子によれば、かず子の弟直治の遺書は、「太宰が自分の分身のように書いた」ものだったという（太田治子『明るい方へ　父・太宰治と母・太田静子』朝日新聞出版、平成二一年、八頁）。
(29) オルテガ・イ・ガセット（神吉敬三訳）『大衆の反逆』（筑摩書房、平成一八年）二一一～二一二頁。
(30) 馬場恒吾『自伝点描』（中央公論社、平成元年）九二頁。
(31) 山田風太郎『戦中派焼け跡日記』（小学館、平成一四年）五一頁
(32) 林健太郎『昭和史と私』（文芸春秋、平成一四年）一六三～一六四頁。

(33) 前掲『戦中派焼け跡日記』五〇頁。
(34) 同右、一七四頁。
(35) 同右、一二七頁。
(36) 同右、一九六〜一九七頁。
(37) 山田風太郎『戦中派闇市日記』(小学館、平成一五年)二四七頁。
(38) 前掲『戦中派焼け跡日記』三三五頁。
(39) 同右、三五四頁。
(40) 前掲『戦中派闇市日記』六三〜六四頁。

の

は

ひ

ふ

ほ

ま

み

む

も

や

よ

わ

人名索引

著者紹介

栗田　直樹（くりた　なおき）

［略歴］

1959年　静岡県に生まれる。
1982年　新潟大学法文学部卒業
1989年　東京都立大学大学院社会科学研究科
　　　　政治学専攻博士課程中退

［現職］　愛知学院大学法学部教授

［主要著書等］

『緒方竹虎——情報組織の主宰者——』（吉川弘文館、1996年）、日本歴史学会編『人物叢書　緒方竹虎』（吉川弘文館、2001年）、『昭和期地方政治家研究——静岡県政史断章——』（成文堂、2005年）ほか。

平等の時代

2010年3月10日　初　版　第1刷発行

著　者　栗　田　直　樹
発行者　阿　部　耕　一

〒162-0041　東京都新宿区早稲田鶴巻町514番地
発行所　株式会社　成　文　堂
電話　03(3203)9201(代)　FAX　03(3203)9206
http://www.seibundoh.co.jp

製版・印刷　㈱シナノ　　製本　佐抜製本

ISBN978-4-7923-3268-6 C3031

定価（本体3000円＋税）